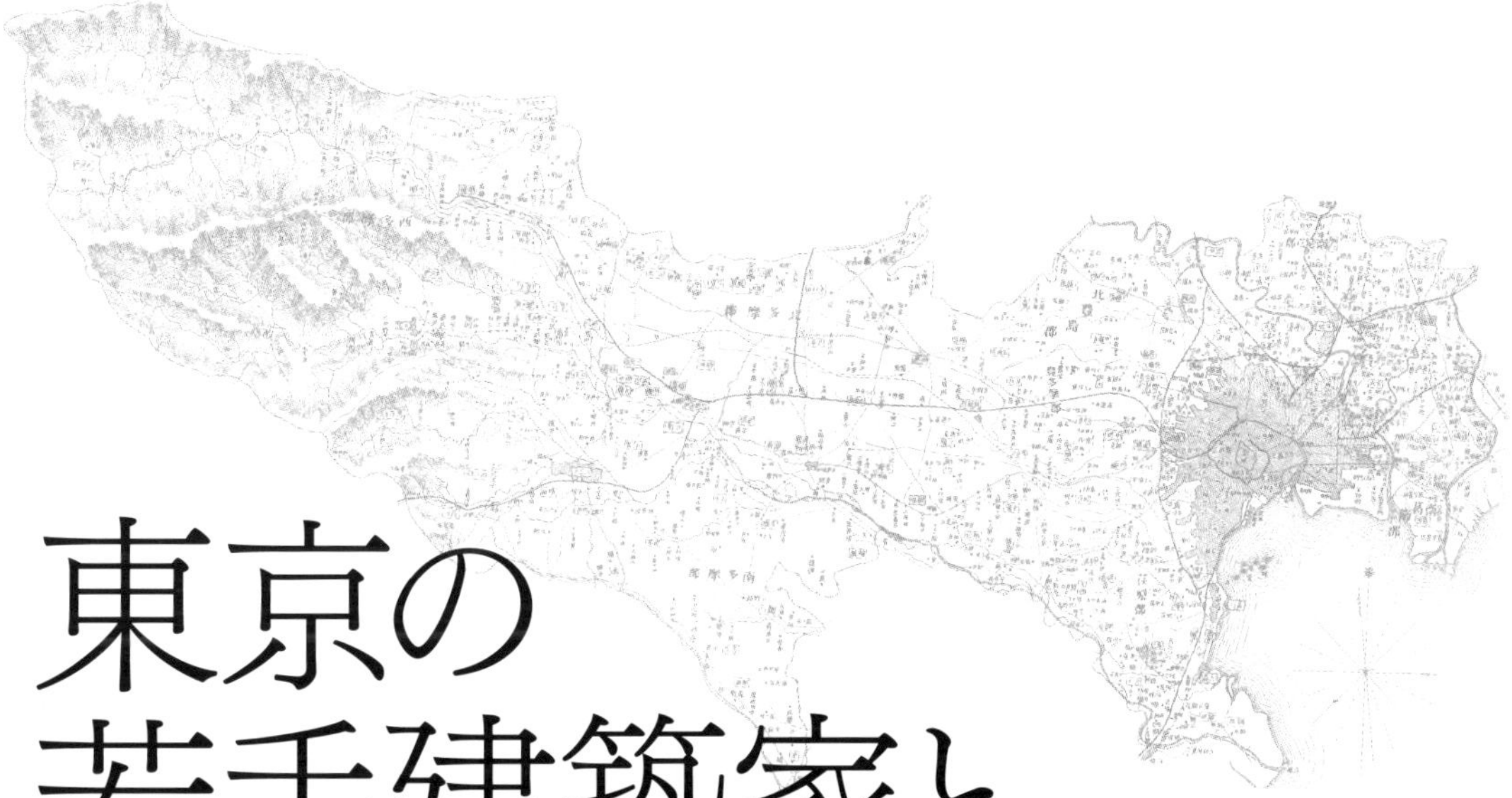

# 東京の若手建築家とつくる家 ②

建築ジャーナル［編］

A House You Build with
an Young Architect in Tokyo

## 安らぎをともにつくるパートナー選び



建築ジャーナル

## はじめに

家づくりは一生に一度あるかないかの大イベント。

誰に頼むかがもっとも重要です。

ハウスメーカーや工務店でしょうか。それともいっそ建売住宅にしますか?

おすすめするのはダンゼン「建築家」です!

●

「建築家に頼むと、設計料の分だけ高くなる」

こんなイメージがあるかもしれませんが、

たとえばハウスメーカーでは、工事費のなかに設計料が含まれ、

しかも建築主の立場で工事を監視する機能がほとんど存在しません。

建築家はプロの目で工事現場をチェックし、

手抜きや不適切な工事を未然に防ぎ、建築主の利益を守ります。

トータルに考えると、結局建築家に頼んだほうが安くなる場合が多々あります。

●

限られた予算のなかであれもしたい、これもしたいと、望みは数限りなく出てくるもの。

建築主の考えに寄り添い、それを最大限に実現するのが建築家の役割なのです。

●

建築家との家づくりシリーズ32作目は『東京の若手建築家とつくる家2』。

紹介するのは、東京を拠点に活躍する28人の若手建築家と

建築主がともにつくった家です。

家づくりのスケジュールや支払いのタイミングをまとめた実用的な資料も掲載。

また、趣味や興味といった建築家の人柄にも触れています。

●

このなかから、あなたの家づくりに

もっとも理想的なパートナーを見つけてください!

## 目次

はじめに……2

建築家との家づくりのすすめ 建築家に依頼するべき5つの理由……4

建築家とつくる家づくりの流れ 気になるスケジュールとお金の支払いタイミング……6

東京の住まい **山本理奈**（東京大学大学院総合文化研究科国際社会科学専攻助教）……11

case 1・本牧の住宅／**相坂研介**（相坂研介設計アトリエ）……14

case 2・あきる野の家／**石井衣美**（kma一級建築士事務所）……16

case 3・目黒の家・ハコノオウチ13／**石川 淳**（石川淳建築設計事務所）……18

case 4・∩∪(and or)／**岩崎整人**（岩崎整人建築設計事務所）……20

case 5・白空の家／**大塚泰子**（ノアノア空間工房）……22

case 6・板橋小茂根の家／**荻原雅史**（荻原雅史建築設計事務所）……24

case 7・南大泉の住宅／**小谷研一**（小谷研一建築設計事務所）……26

case 8・K-House／**小野寺 義博**（オノデラヨシヒロ建築設計室）……28

case 9・Three-layered SHELL Residence／**加藤雅明**（m-SITE-r／一級建築士事務所＋DESIGN）……30

case 10・稲村ヶ崎の住宅／**久保和樹**（H2DO一級建築士事務所）……32

case 11・ハイブリッド構造の家／**佐野 修**（佐野修建築設計事務所）……34

case 12・cocoon／**猿田仁視**（キューボデザイン建築計画設計事務所）……36

case 13・CUBO／**嶌 陽一郎**（DIG DESIGN）……38

case 14・代田の家／**下川太郎**（あまね設計）……40

case 15・早津崎の家／**鈴木淳史**（鈴木淳史建築設計事務所）……42

case 16・小笠原の家×3／**田中俊行**（田中俊行建築空間設計事務所）……44

case 17・窓縁の家／**長崎辰哉＋長崎由美**（アトリエハレトケ一級建築士事務所）……46

case 18・ヨハクノイエ／**中山秀樹**（中山秀樹建築デザイン事務所）……48

case 19・キナリの家／**七島幸之＋佐野友美**（アトリエハコ建築設計事務所）……50

case 20・高尾の家／**望月 新**（望月建築アトリエ）……52

case 21・福の家／**森 理恵**（モリリエ ケンチク＆デザイン）……54

case 22・S邸／**森本伸輝**（モリモトアトリエ）……56

case 23・四塔七巣 4 towers 7 nests／**安河内 健司＋西岡久実**（一級建築士事務所 group-scoop）……58

case 24・篠原町の家／**山崎裕史**（ヤマサキアトリエ一級建築士事務所）……60

case 25・中丸子の家／**山本浩三**（PANDA：山本浩三建築設計事務所）……62

case 26・来迎寺庫裏／**山本 想太郎**（山本想太郎設計アトリエ）……64

case 27・AH2／**依田英和**（依田英和建築設計舎一級建築士事務所）……66

case 28・Tongari-15／**和田学治＋井川直美**（W.D.A）……68

建築家index……70

建築家は家づくりの最初から最後まで、建て主であるあなたとともにあります。
家づくりに携わる建築家は「あなたらしい住まい・生活をかたちにする」ことに、心を砕きます。
また、あなたとの会話などから、個性や普段の暮らしについてヒントを得て、
要望以上の提案をしてくれるのも建築家ならでは。
建築家が設計するのは、あなたや家族のために考えられた唯一無二の家です。

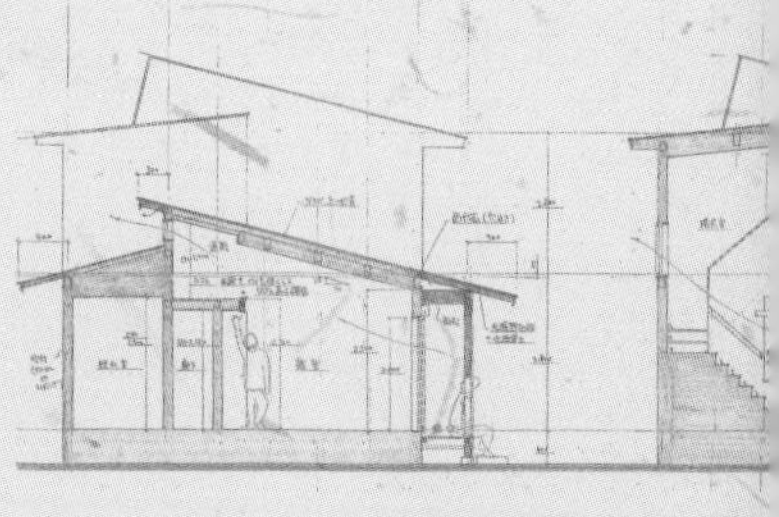

建築家に依頼するべき

# 建築家との家づくりのすすめ 5つの理由

## 1 あなたの代理人である

家をつくるのは建て主であるあなたです。

でも、家づくりを一人ですべて行えるなんていう人はかなりまれなはず。

専門知識と経験をもつ建築家は、家づくりにおいてあなたの代理人になります。

工事関係者から直接話を聞いても「良い・悪い」の判断が難しい専門的な内容も、建築家があなたに代わって交渉や指示を行ってくれますので、安心して家づくりに取り組めます。

## 2 「設計」とともに重要な「監理」という役割をもつ

家づくりにおける建築家の仕事は大きく分けて二つです。

一つは「設計」作業。

設計図を作成するのはもちろん、施工者である工務店と交渉して、予算内で収まるように工事費を決めることも設計作業のうちです。建て主であるあなたの要望が多いために予算がオーバーしたり、設計条件に矛盾が生じるような場合は、優先順位を一緒に検討し、納得がいくように調整していきます。

もう一つは、設計図通りの材料や構造で工事が行われているかをチェックし、問題があれば手直しを指示する「監理」という仕事です。

あなたと建築家が共有してきた「わが家への思い」を現場の大工や職人に伝える役割もあります。

これは設計から監理まで一貫してかかわる建築家だからこそ可能なことです。

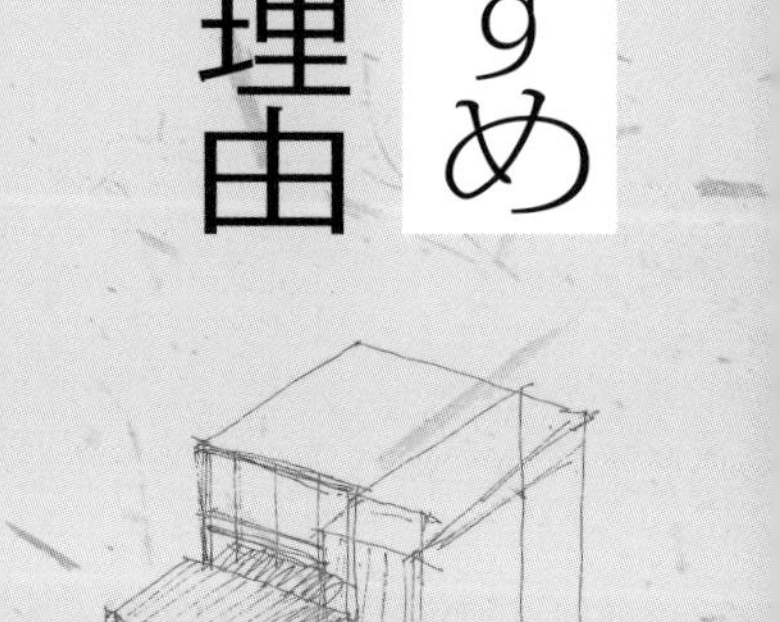

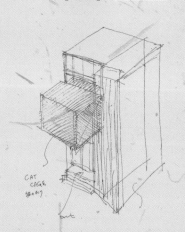

## 3 設計料を明確に提示

「設計料って本当に必要なの?」と感じる人もいるかもしれませんが、設計料がかかっていない家はありません。むしろ、設計料がかからないような設計をしているのなら、それはプロの仕事とは言えず、疑いをもつべき。

ハウスメーカーや工務店との家づくりで「設計料がかかりません」というのは安さを強調するための営業トークで、多くの場合、工事費に含めて計上されています。

法律で設計に関する契約を義務化し、あいまいになっている設計料を明確化しようという動きもあります。すでに、一定面積(300㎡)以上の住宅では義務化が始まっています。

## 4 あなたの家だけで完結するお金の流れ

建築家とつくる家では、建て主であるあなたの支払ったお金があなたの家のためだけに使われます。

「え? 当たり前じゃないの」とお思いでしょうか。

しかし、大手ハウスメーカーでは支払ったお金の一部が、営業マンの給料、CMなどの広告宣伝費、住宅展示場の維持費などに充てられています。

「建築家に設計を頼むとコストが高くなる」というのは、誤った認識。

建築家は総予算を踏まえながら家づくりにかかるコストを管理します。

同じ金額をかけて家をつくるなら、どちらがよりよい住宅になるかは明らかですね。

## 5 人生を豊かにする

正直なところ、「建築家との家づくり」は大変です。

あなたの家だけのために、何もない0の状態からデザインしていきます。そのため、ハウスメーカーを利用して、ある程度用意されたカタログから組み合わせを選んで家を建てる方法よりも、時間も労力もかかります。

建築家が「わたしたちと家をつくる建て主は、時間をかけて考え、生活を大切にするすごい人たち」と言うほどです。大変な家づくりを成し遂げたという経験は大きな財産となるでしょう。

自分の家について考えることは、自分の、そして家族の生活を考えること。時間をかけて、自分と向き合い完成したわが家での生活を通じて、人生はきっとより豊かなものになるはずです。

# 建築家とつくる家づくりの流れ

## 気になるスケジュールとお金の支払いタイミング

さあ、建築家との家づくりを始めましょう！
そこで気になるのは、かかる「時間」と「お金」。
せっかくの楽しい家づくりも、流れがわからないと不安なもの。
ここではそんな不安を少しでも解消するために、
家づくりのスケジュールとお金の支払いタイミングをまとめました。
わからないことがあれば、遠慮せずに
心強いパートナーである建築家に相談しましょう。

START

大きな支払いは
**建築家に支払う「設計・監理費」**
**工務店に支払う「工事費」**
の2種類
しかし、そのほかにかかる雑費も
ばかにならないので、しっかり計算しましょう

### まずは理想の建築家をみつけましょう

家づくり **0カ月目**（建築家と出会うまで）

### 1 情報を集めよう

雑誌やインターネットで感性の合いそうな建築家を探してみましょう。
建築家が手掛けた家を見学できるオープンハウスも、設計した空間と建築家の人となりに触れることができるのでお勧めです。

### 2 建築家に会いに行こう

感性の合いそうな建築家を1～3人に絞り込んだところで、メールや電話でコンタクトを取り、実際に会いに行ってみましょう。
家づくりを楽しむためにも、スケジュールに余裕をもつことをお勧めします。
建築家と住まいや暮らしへの思いを語り合い、価値観が近いと感じられる建築家を一人に絞ります。

［**費用**］ 基本的に初回面談は無料

### 2′ 土地探し

土地が決まっていない場合は、建築家との土地探しがお勧めです。
一見して難しいと思われる敷地でも、建物のプラン次第では長所や魅力に変えることもできます。また、建築費と土地代をトータルで考える上でも、建築家と一緒に土地を探すことが無理のない家づくりを可能にします。

**［土地代のほかにかかる費用と注意点］**

**● 敷地調査費**
正式な測量図がない場合に発生します。広さと状況によりますが5～30万円程度必要。法規によって希望の家が建てられない場合もあるので、土地購入前の調査をお勧めします。

敷地に家が残っている場合

**● 解体費**
敷地に既存建物がある場合に発生します。住宅であれば3～5万円／坪（構造による）程度。

**● 建物減失登記費**
建物を取り壊したことを登記所に申請する建物減失登記が必要です。登録免許税はかからず自分で行うことも可能。土地家屋調査士へ依頼した場合、報酬として3～5万程度かかります。

土地を新しく買う場合

**● 仲介手数料**

**● 地盤調査費**
地盤調査は必ず行う必要があります（2000年より義務化）。調査費は5～15万程度。改良の必要がなければ、地盤保証を3万円ほどで付けられます。地盤調査により改良が必要となった場合は、工事の内容次第で50～200万円以上の費用がかかることも。

## 3 プレゼンテーション

プランを提案してもらいたいと思ったら、条件を伝えてプレゼンテーションしてもらいましょう。
これまでその建築家が設計した家を見せてもらうのもいいでしょう。

〔費用に関する注意点〕

建築家によって、プレゼンテーション前に設計契約を結ぶところ、現地調査をして実費有料で行うところ、簡単なプランのみで無料のところなどいろいろありますので、確認してから依頼しましょう。真剣に取り組んでいるので当然ですが、契約に至らない場合でも実費を請求される場合があります。むやみに何人にも頼むのはやめましょう。

**1カ月目**

**ここからは
じっくりと「家のカタチ」を
決めていきます**

## 4 設計・監理契約
（約1カ月間）

提案された案が気に入ったら、設計・監理契約を結んで、基本設計に進みます。
建築家賠償責任保険に加入しているか、支払い条件や作業の範囲などを確認しておきましょう。また、監理も大事な仕事の一部ですので、どのくらいの頻度で見てもらえるかも確認します。

〔費用〕

● **設計・監理契約手付金**
契約の際には手付金として設計監理費の10～20%程度を支払うことが多いです。

● **ローン申込書類の代金**

● **つなぎ融資申込費用**
住宅ローンが実行されるのは住宅が完成してからです。しかし、支払いは完成前から発生します……。その間をつなぐのが、つなぎ融資です。利用する場合は、つなぎ融資の利息、ローン事務手数料などが必要。通常は住宅ローンでまかなわれます。

▶チェックポイント

**支払い時期を確認しよう！**

設計・監理契約を結ぶ時期は、プラン提案前・プラン提案後・基本設計後など、建築家により異なります。一般的な設計監理費の目安は、本体工事費と別途工事費合計額の10～15%程度。最低設計料を設定しているところもあります。これを3～6回程度に分けて支払うのが一般的で、契約時に支払い時期も決めます。

**2カ月目**

## 5 基本設計
（約2カ月間）

建物の骨格を決めていきます。希望や疑問点は建築家にすべて伝えましょう。図面だけでは理解できないことも多いので、模型やスケッチ、事例写真などを提示してもらって、できるだけ具体的に、住まいと暮らしのイメージを共有していきます。建築家は、建て主の希望を聞きつつ、現実的な予算、法的な制限の確認、敷地や環境への配慮、構造・規模などを検討し、実際に建てるにはどうしたらよいかを精査していきます。

〔費用〕

● **設計・監理費**（2回目）
基本設計完了時、設計監理費のうち30%程度を支払います。
※上記は一例。設計事務所により異なる

家づくり

**約3カ月目**

## 6 実施設計

（1―3カ月間）

プランと外観が決まったら、実施設計に進みます。
建築家は工事に必要な図面を描いていきます。この時期に、使用する素材の選定、照明器具の種類、キッチンの詳細など、できるだけ実物を見ながら詰めていきます。

〔費用〕

● **設計・監理費**（3回目）
実施設計が終わったところで、設計監理費のうち30～40%程度を支払います。
※上記は一例。設計事務所により異なる

**4―6カ月目**

## 7 見積もり・工務店選定

（2―3週間）

図面と素材がひと通り決まったら、設計者から工務店へ工事の見積もりを依頼します。
信頼できる工務店を建築家から特命で紹介される場合と、3社程度の相見積もりで決める場合があります。特命の場合は、設計者との信頼関係により、安定した施工とサービスが得られるところがメリットです。相見積もりの場合は、値段だけで決めるのではなく、技術力・メンテナンス・相性など、総合的に見ることが大事です。
決定権はあくまで建て主であるあなたにあります。

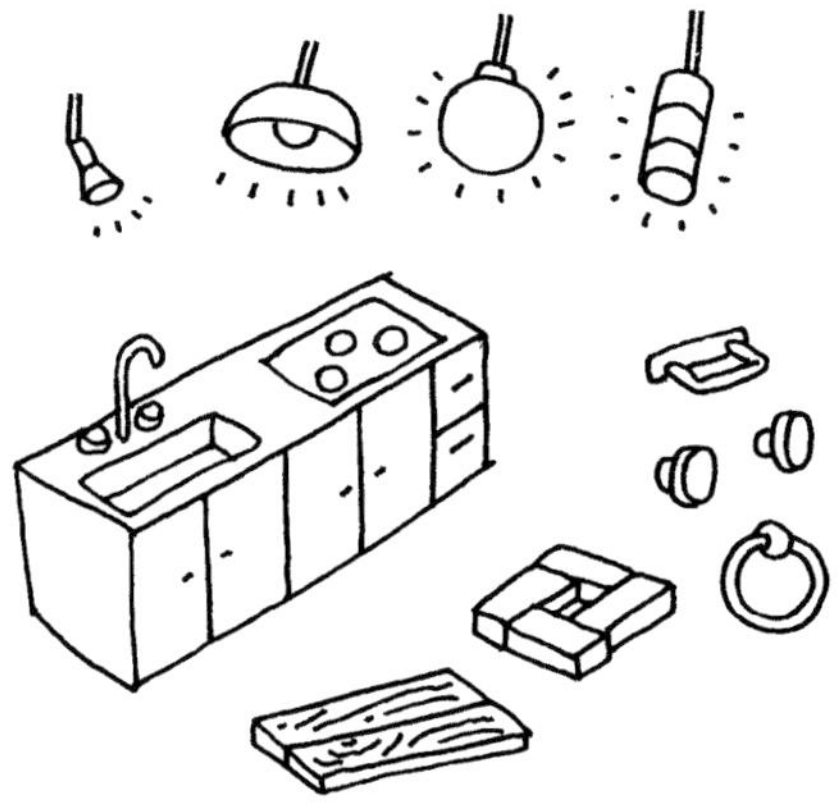

**約6カ月目**

## 8 建築確認申請

（1―2週間）

建て主は確認申請書を役所もしくは民間の建築確認検査機関に提出し、建築物が建築基準法・条例などに適合しているか確認を受けなければなりません。通常は専門家である建築家が代行します。
確認申請の時期は、見積もりの前、見積もりの間など、状況によって違います。通常は1～2週間ほどで下りますが、長期優良住宅の場合や建物の構造によってはさらにかかるので、スケジュールに気をつけましょう。

〔費用〕

● **確認・完了検査申請費・作業料**
確認・完了検査申請の実費は申請を出す機関、建物の面積、構造によって異なります。建築家が申請に必要な設計図書を作成し申請するため、確認審査申請と竣工時の完了検査申請の実費（印紙代など）＋建築家の作業料も含め、20～30万円程度。設計料に含んでいる建築家もおり、支払いの時期は確認が必要です。

## 9 工事契約

工事金額が決まり、確認申請が下りると、
工事契約をして、いよいよ工事が始まります。

〔費用〕

● **工事費の支払い**（1回目）
一般的に工事費は、出来高払いにして、4回程度に分けて支払います。契約時に着手金10%（1回目）を支払います。
※上記は一例。契約時に支払いのタイミングを確認

● **印紙代**
工事請負契約や売買契約にかかる税金を収入印紙で支払います。ともに1000万円以上5000万円以下の場合、2万円（2018年3月31日までは軽減措置により半額）。

● **長期優良住宅認定の申請費・作業料**
長期優良住宅の認定を受ける場合には、申請料の実費に加えて、建築家による設計図書の作成作業料が発生するほか、工事費の坪単価も上がるため、通常よりも費用がかかります。申請を考えている場合は建築家に相談しましょう。

● **住宅瑕疵担保責任保険費**
住宅瑕疵担保履行法により義務化（10年間）。万が一工事事業者が倒産しても上限2000万円までの補修費用の支払いが受けられます。
工事業者が申請および支払いを行いますが、最終的には経費または直接項目で建て主に請求され、間接的に支払うことになります。面積や保険会社との契約の仕方により、費用には5～10万円程度と幅があります。

## いよいよ
## 家を建てていきます

## 10 地鎮祭

地鎮祭は、工事を始める前に土地をお祓いし、工事の無事を祈る儀式。どんな形にせよ、着工前には行うことが多いです。工務店が詳しく準備の内容を教えてくれますので相談してみましょう。

〔費用〕

● **地鎮祭費用**

地域によって異なりますが、一般的には神主への謝礼3万、供え物に1～2万程度。

## 11 着工・工事監理
（4–6カ月間）

工事監理とは、図面通り間違いなく工事が行われているかを現場で確認することです。

不適切な施工があれば、建築家は建て主の代理人として工務店に改善を求めます。工事期間中は基礎の配筋検査や上棟後の金物検査などの主要な検査を行うほか、週1回程度は現場に行き、施工状況を確認します。

建て主も、可能な範囲で家族で家の様子を見に行き、写真を撮っておくのがお勧めです。安心と同時に、いい思い出を得ることができます。家が立体的になっていくなかで、「こうしたほうがよかったかな」と思うことがあったら、建築家に相談してみてください。建築家は全体を把握していますので、その変更が他工事に影響しないかも含めて、要望に応える最善の策を提示してくれるでしょう。

〔費用〕

住宅ローンの中間金交付が実行される段階に合わせて、工事費や設計・監理費の中間金を支払います。

● **工事費の支払い**（2回目）

着工時に30％程度支払います。※上記は一例。契約時に支払いのタイミングを確認

● **水道加入金**（メーター取得費用）

水道を使用するための権利金。各自治体によって料金は異なります。約20万円程度必要です。※東京都23区内はなし。

● **近隣へのあいさつ費用**

手土産代として1軒あたり500～1,000円程度。

● **現場へのお茶菓子代**

週1回程度、現場の様子を見に行く際に、無理のない範囲での飲み物などの差し入れでOK。それよりも、積極的に大工さんへ声をかけることで、張り合いになります。

## 12 上棟式

上棟式は、棟木を上げ終わった当日に行う儀式。どうするか悩む場合は、建築家に相談してみましょう。

〔費用〕

● **設計・監理費**（4回目）

設計監理費のうち10～20%程度を支払います。

※上記は一例。設計事務所により異なる

● **上棟式費用**

祝儀代・酒肴代などで10～30万円程度ですが、地域性にもよります。行わない人も増えています。

家づくり

**10—12カ月目**

## 13 完了検査

工事が終わると、検査機関や役所の完了検査を受けます。もし指摘事項があるような場合は、きちんと補正の工事をしてもらって引き渡しとなります。

## 14 完成（竣工）・引き渡し

完成するといよいよ引き渡しです。引き渡し書類を受け取り、設備機器の説明などを受けます。電話やインターネット引き込み工事など、建て主による手配が必要なことを確認しておくとよいでしょう。また、家具は完成前にすべて購入せず、住みながら広さと使い勝手を確認して揃えると失敗がありません。

［費用］

住宅ローンが最終的に実行される段階に合わせて工事費や設計料の残金を支払います。

- **設計・監理費**（5回目・最後の支払い）
引渡し時に設計監理費のうち、最終の支払い10%程度。
※上記は一例。設計事務所により異なる
- **工事費の支払い**（3回目＋α）
完成時に工事費3回目の支払い30〜50%程度。引渡し時に工事費最終の支払い10%程度＋追加工事分の支払いをします。
- **建物表題登記費用**
新築した建物について登記する建物表題登記が必要です。登録免許税はかかりませんが、土地家屋調査士へ依頼した場合、報酬として5〜10万円程度必要です。
- **所有権保存登記費用**
その建物の所有権が誰のものかを示すために所有権保存登記が必要です。登録免許税は建物の評価額の20／1000。手続きを代行する司法書士への報酬は4〜5万円程度です。
- **ローン契約**
- **火災保険料**
首都圏で2000万円の耐火住宅の場合、年1万円くらいから。ローン借り入れ年数に応じます。
- **地震保険料**
多くの金融機関で加入は任意。控除額については税務署に確認しましょう。

▶チェックポイント

### 保険会社を検討しよう！

かかる諸費用は多数あり保険会社によって異なります。金利だけでなく、諸費用も含めて保険会社を検討しましょう。
また、金利・団信保険料が借りた金額に上乗せされるので、ローン金額はなるべく抑えて現金で支払える分は支払う方がよいでしょう。ボーナス払いや、定期的な保険の見直しと乗り換えもお勧めです。

［ローン契約のための費用］

- **抵当権設定登記費用**
金融機関からローンを受ける際に抵当権設定登記が必要です。登録免許税は融資金額の0.4%（長期優良住宅以外）。司法書士へ依頼した場合、借り入れ額により異なりますが報酬は5〜10万円程度です。
- **融資事務手数料**
融資を申し込む際の手数料として金融機関に支払う費用で、金融機関により異なります。通常は融資金額から差し引かれます。
- **印紙税**
ローン契約にかかる税金。借り入れ額によって金額は異なります。例えば1000万円超5000万円以下のローン契約なら印紙税は2万円。
- **ローン保証料**
連帯保証人の代わりに保証会社を利用する場合に、保証会社に対して支払う費用で、ほとんどの人が保証会社を利用します。
- **団体信用生命保険料**（団信）
加入が必要。加入していると、住宅ローンの返済途中で死亡、高度障害になった場合に、本人に代わって生命保険会社が住宅ローン残高を支払ってくれます。通常は金利に保険料が含まれています。

## 15 入居

［費用］

- **家具・備品購入費**
- **引越し代**
- **不動産所得税**
不動産を取得した場合に、新築1年以内に課される税金で評価額の4%。軽減措置については税務署で確認が必要です。

入居後にかかる費用

- **固定資産税**
毎年1月1日時点の土地と建物の所有者に対して課税されます。
土地の購入価格×0.6×1.4%が概算。
- **都市計画税**
毎年1月1日時点の、都市計画で指定されている市街化区域内の土地と建物の所有者に対して課税されます。
- **固定資産税の清算金**
（土地を譲り受けた場合）前の所有者に支払います。

## 16 アフターケア

引渡し後も、メンテナンスを通して建築家や工務店との付き合いは続きます。住まいは暮らしとともに変化していきますから、手入れのことや増改築の相談など、小さなことでも気軽に建築家に相談してみましょう。

To be Continued

阿佐ヶ谷住宅
（撮影：大月敏雄）

# 東京の住まい


山本理奈

東京大学大学院総合文化研究科
国際社会科学専攻助教


都市に暮らすとはどういうことなのでしょうか？
日常の景観や風景、そして現代における住まいの価値。
「これからの住まいの可能性」について、
山本理奈さんに論考いただきました。

## 都市のリズムと人のリズム

ふと思い立って、お気に入りのお店をひさしぶりに訪ねてみる。ワクワクしながら目的地に到着すると、まったく違うお店になっていてがっかりしたり、見慣れた風景が跡形もなく消え去っていて、なんだかさびしい気持ちになったりする。そんな経験をしたことのある人は、案外、多いのではないでしょうか。

こうした経験は、東京という都市のリズムと人の生きるリズムとのあいだにある微妙な落差に、あらためて気づかせてくれる瞬間なのかもしれません。東京では、親しみのある風景が変わっていくスピードは思いのほか速く、人の気持ちの方がついてゆかないということは、お店などの商業施設だけではなく、私たちの住まいにもあてはまるようです。

## 消えゆく住まい

東京都の杉並区に、「阿佐ヶ谷住宅」と呼ばれた、テラスハウス形式をメインにした住宅地がありました。1958（昭和33）年に入居が開始されたこの住宅地は、日本住宅公団が手がけた初期の団地であり、半世紀の時を経て、およそ新築の住宅では醸し出すことのできない雰囲気と年輪を感じさせるものに変化していました。

> どんなに古く醜い家でも、人が住むかぎりは不思議な鼓動を失わないものである。変化しながら安定している、しかし、決して静止することのないあの自動修復回路のようなシステムである。磨滅したか風化してぼろぼろになった敷居や柱も、傷だらけの壁や天井のしみも、動いているそのシステムのなかでは時間のかたちに見えてくる。住むことが日々すべてを現在のなかにならべかえるからである。家はただの構築物ではなく、生きられる空間であり、生きられる時間である。（多木浩二『生きられた家──経験と象徴』岩波書店2001年）

阿佐ヶ谷住宅には、多木浩二の言葉を借りるならば、人びとによって「生きられる空間」の痕跡と、「生きられる時間」の奥行きがありました。ただ残念ながら、2016年に民間の不動産業者により分譲マンションへと建て替えが行われ、現在は、往時の様子は残されていません。

## 日常景観

阿佐ヶ谷住宅では、それぞれの住戸の専用庭との連続線上に、さまざまな草花や木々の生い茂る空間が広がっていました。住まい手たちはそこで草花の手入れをしたり、お花見をしたり、バーベキューをしたり、子どもたちを遊ばせたりしていました。そうした日々の積み重ねのなかで、人びとは少しずつ互いに手をかけることによって、「生きられる共有空間」とでも呼ぶべき場を、生み出していました。

こうした共有の場は、阿佐ヶ谷住宅を手掛けた津端修一の言葉を借りれば、「コモン」のひとつのあり方と考えられます（「市民の庭なるコモン──津端修一さんに聞く」『住宅建築』1986年4月号、26頁）。重要なことは、この共有の場が、計画的につくられたものではなく、人びとの日常生活の積み重ねの結果として生み出された空間だったという点です。

言いかえれば、住まい手たちに共有される日常の風景が、日々の生活のなかで自生的につくりだされていた点。このことが、阿佐ヶ谷住宅の魅力を醸成するうえで、重要な役割を担っていたと考えられます。留意すべきことは、互いに見知らぬ者同士が偶然集まって住むことになったにもかかわらず、そこには味わい深い「暮ら

**山本理奈**《やまもとりな》

1973年生まれ。東京大学大学院総合文化研究科国際社会科学専攻博士課程単位取得退学。
博士（学術）。現代社会論、都市の住生活・居住政策、女性・家族のライフスタイル等の研究に取り組む。
国立精神・神経センター精神保健研究所研究員、日本学術振興会特別研究員を経て
現在、東京大学大学院総合文化研究科国際社会科学専攻助教。


しの共有の場の風景」が住民たちによってつくりだされていたことです。つまり、阿佐ヶ谷住宅の醸し出す雰囲気や年輪は、単にその建物だけによるものではなく、そこに集う住人たちが年月をかけて形成してきた日常の風景にも由来していたと言えるでしょう。

松原隆一郎は、「人工的につくられたはずの都市にも人の営みのなかでつくりあげられる雰囲気というものがあって、いわば人工のなかにも自然」があると指摘しています。つまり、「最初は人工的につくられたとしても、そのあとの人の流れとか古び方とか修復の仕方によって立ち現れてきた何か非人工的な部分、歴史的な部分、社会的な部分があるのではないか」と述べ、それを「日常景観」と呼んでいます（「経済発展と荒廃する景観」『〈景観〉を再考する』青弓社、２００４年、71—72頁）。

こうした「日常景観」は、植物の自然の秩序が生み出した結果でもなければ、計画に基づく人工の秩序がつくりだした結果でもありません。その中間に位置しながら、人びとの居住の営みの相乗的な効果としてはじめて実現するものであり、住まいの価値を考えるうえで、大切な点だと言えるでしょう。

## 住まいの価値

ここで、「住まいの価値」についてあらためて考えてみましょう。

住まいのうち、土地の部分は、不動産市場においては「地価」というかたちでとらえられ、金銭との交換可能性によってその価値が決められています。ただし、そうした金銭によってとらえられる価値は、バブル景気などによって大きく左右されるため、「住まいの価値」を考えるうえで、必ずしも適切な指標とは言えないところがあります。言いかえれば、ある住まいの建物やそれが立地している地域の状況がまったく変化していない場合でも、市場との連動により価格は上下することがあります。

これに対して、住まいをめぐる建物の部分は、不動産市場などにおいて、その価値は減価償却という考え方でとらえられます。これは、新築時点を頂点にその価値は下がっていくという、新しさに重点をおいた考え方です。しかし、時間の経過が単に劣化をもたらすのではなく、新築ではおよそ醸し出すことのできない味わいや佇まいを住まいにもたらし、人びとを魅了する場合もあります。

阿佐ヶ谷住宅
（撮影：大月敏雄）

また、草花の手入れなど、個々の住まい手が日常生活のなかで少しずつ手をかけることによってつくりだす雰囲気や景観が、魅力的な居住地域を形成し、立地条件を高めていくこともあります。「住まいの価値」とは、こうした人びとの居住の営みの結果として生み出される価値のことを指しています。

むしろ今後、東京の住まいを考えるうえで重要となってくるのは、こうした自分の住まいに対する住民の働きかけではないでしょうか。日々の暮らしのなかで、それぞれの住まい手が、自分の暮らす場所を、住み心地のよいものにし、住みごたえのあるものに変え、年月をかけて住みこなしていくとき、それらの働きかけが相乗的に積み重なった結果、「住まいの価値」は高まっていくと考えられるでしょう。

## 住まいをめぐる想像力／創造力

戦後の住宅産業は、住宅の購入者層を広げ、販売戸数を最大化する戦略を繰り広げてきました。具体的には、高度経済成長を契機に大都市とその通勤圏に形成された、夫婦と子どもからなる世帯の増加に着目し、彼らに商品住宅を販売することによって、その利潤を増大することに成功してきました。

しかしこうした戦略は、少子高齢化のもとで、夫婦と子どもからなる世帯が減少し、高齢者のひとり暮らしが増加している現在の局面のなかで、限界を迎えつつあります。

すでに東京圏では、団塊の世代の高齢化に伴い、持ち家を所有する高齢者世帯が、かつてない規模で急速に増加しています。しかしながら、高齢者世帯の所有するマイホームを、血縁による世代間継承のみで維持することは現実的に不可能であり、膨大な量の持ち家が空き家へと転ずる可能性が懸念されています。言いかえれば、血縁による世代間継承ではなく、スクラップ・ビルドでもなく、互いに縁もゆかりもない者同士が、建物を住み継ぎ、日常景観を維持していく可能性が問われています。

「東京に住んでいます」と言われたとき、人は、どんな住まいを想像するでしょうか。少子高齢化に伴う社会の構造的な変容のなかで、東京の住まいには、かつてのマイホーム主義とは異なる、新たなあり方が求められています。高度経済成長期以降、東京圏に蓄積されてきた膨大なマイホームのストック——空き家の増大可能性——を前にして、私たちの時代の住まいをめぐる想像力／創造力が、試されているからです。

東京という都市において、「これからの住まい」には、どのような可能性が秘められているのでしょうか。この問いは、つくり手側の建築家だけではなく、住まい手側の挑戦にも、いま、等しく開かれています。

# 東京の若手建築家とつくる家 2

A House You Build with an Young Architect in Tokyo

case 1

外からは守られた正面ファサード

# 本牧の住宅

▶家族構成……夫婦＋子ども2人
▶所在地………神奈川県横浜市

## 眺望・採光・回遊性を最大限に確保し、シンプルにまとめる

### 細長く構造的制約のある崖上の敷地

敷地は南北に奥行きが深く、西には隣地が迫るものの、奥は崖になっているため、北や東には盆地を見下ろす素晴らしい眺望が期待できました。一方、建築主からは「家の広さより娘たちが走り回れる場所がほしい」、「明るいだけでなく朝や昼の光は直接差してほしい」、「二人の娘が長い間住めるような家にしたい」、さらには「フランス駐在中にコルビュジェのサヴォア邸に感銘を受けたため、モダニズム的な要素も取り入れてほしい」とも要望されました。細長く構造的制約のある崖上の敷地で、いかに眺望・採光と回遊性を最大限に確保し、それらをシンプルにまとめるかが求められました。

### 特徴ある銀の帯で全体をくるみ、モダニズム表現も引用

室内には北東の眺望、屋外には子どもが走り回れる空間をそれぞれできるだけ確保するため、崖の安息角以深に埋めた基礎からスラブをせり出す断面とし、平面を敷地先端まで拡大。朝の光は東の大窓、午後はハイサイド窓から直接採り入れます。外観には白い壁、水平連続窓やスロープ等のモダニズム表現を引用した上、独自の特徴である立体回遊性を表す銀の帯で全体をくるみ、視線も制御しました。

プランは、2つの個室の間に専用のトイレと納戸を挟み、リビングを通らず水回りや玄関と行き来できる娘さんたちのプライバシーの高い「下宿的構成」とし、長く家にいられるようにしました。

大きな吹き抜けのあるリビング

小上がりから
眺望の開ける
ダイニング

### 設計データ

- 敷地面積…266.59m²（80.64坪）
- 延床面積…206.44m²（62.45坪）
1階／129.20m²（39.08坪）
2階／77.24m²（23.37坪）
- 竣工年…2017年
- 用途地域…第一種低層住居専用地域
- 建ぺい率…59.13%（最大60%）
- 容積率…65.70%（最大100%）
- 構造…木造軸組工法
- 設計・監理…相坂研介設計アトリエ

〒102-0083
東京都千代田区麹町1-3-11-2F
TEL：03-6380-9140　FAX：03-6380-9141
URL：http://www.aisaka.info
E-mail：mail@aisaka.info

- 構造設計…馬場貴志構造設計事務所
- 施工…大同工業 株式会社

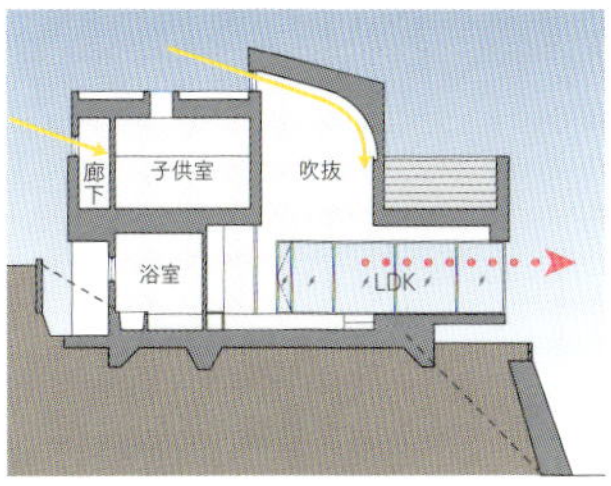


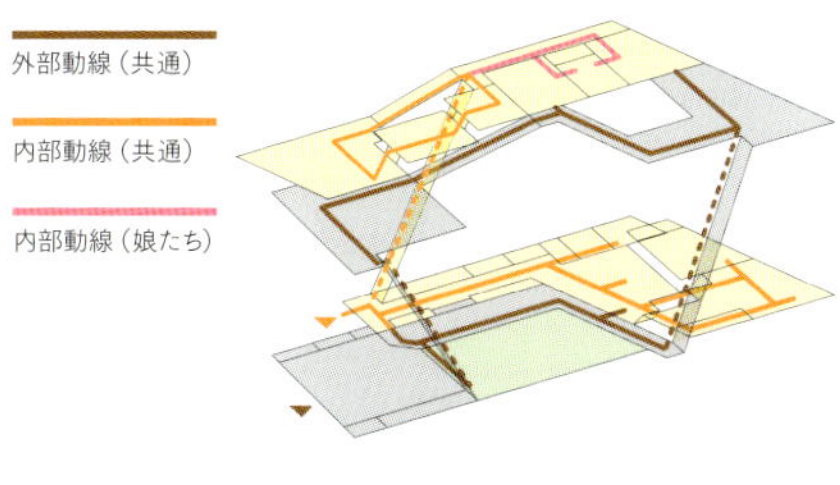


右／エントランス→階段→スロープ
中／行き止まりのない外部回遊動線
左／中庭の夜景

## その他の設計作品

○あまねの杜保育園

○永福の二世帯住宅

○松戸のビル（三世帯住宅）

○大山の二世帯住宅

## 建築家からのメッセージ

**相坂研介** アイサカ ケンスケ

●相坂研介設計アトリエ代表

1973年東京都杉並区生まれ。東京大学工学部建築学科卒業後、安藤忠雄建築研究所勤務を経て、相坂研介設計アトリエ設立。日本建築家協会 関東甲信越支部副幹事長、東京建築士会正会員。Architecture Asia Award、JIA環境建築賞、グッドデザイン賞、こども環境学会賞、UIA Friendly & Inclusive Spaces Awards他多数受賞。現在、東洋大学他で非常勤講師。

### 家をつくりたい方へ

家は高額で長く使うものだからこそ、耐震・断熱・バリアフリー等の基本性能や広さだけでなく、街になじむ美しさや、将来的な自由度ももっと求めるべきだと思います。固定観念や流行り言葉にとらわれず、まずはせっかくの機会に想像を拡げてください。我々は、年月に耐えるシンプルで上品なデザインを用い、家の中で住み替えられるほど自由な建築を、既成概念でも流行でもなく「本質」に基づいて設計しています。

### 趣味は何ですか？

サッカー、ギター、ドライブ、そして旅行が趣味で、海外へは学生時代から少しずつ範囲を広げ、西欧と北米はほぼ周りました。また幕末史、特に新撰組が好きで、「誠実ながら爽やかに」という建築家像も重ね、名刺にも浅葱色を用いています。さらに2人の子を授かってからは、その成長を確かめることが何よりの楽しみとなっており、彼らとの触れ合いや遊びの中から、住宅設計の細やかなヒントも増やしています。

夕暮れ時 アプローチ側風景（以下すべて、撮影：曽田英介）

# あきる野の家

- 家族構成……夫婦＋子ども2人
- 所在地…………東京都あきる野市

## 自然に溶け込むような空間で、温かな家族の暮らしを感じる

### 都心から移住し、自然の中での暮らしが始まる

「東京都」とは思えないほど、山と緑に囲まれた環境の「あきる野」。山には猿や猪などの野生動物が暮らし、渓谷ではヤマメやイワナが泳ぎ、蛍が飛ぶほど、自然豊かな場所です。昔からこの地域に暮らす人と、自然に囲まれた暮らしを求めて移住してくる人が、ともに暮らす地域でした。建築主にとっても、自然の中での暮らしが始まる移住の地でした。都心の生活から一転、自然あふれる環境の中、家族が落ち着いて暮らし、周囲に溶け込むような控えめな佇まいの家が求められました。

### 木の陰から見え隠れする控えめな佇まい

４人家族にとって、ちょうどいいサイズの住まいでありたい。大きすぎず小さすぎず、つかず離れずのちょうどいい家族の距離間。でもお互いの気配を感じられるように。扉などの仕切りは設けず、天井の高低差の変化や収納壁によって、ゆるやかに空間を仕切る、おおらかな構成としました。外観は、周囲に溶け込むように低く控えめな佇まいで、温かな家族の暮らしを感じる家がいいと思いました。通りすがる人が、「この家、何かいいね」と感じるような、自然の中で謙虚に暮らす佇まいが、この場所には合うような気がしました。道路からは、小さな平屋が木の陰から見え隠れします。南北に長い平屋に、山からの涼しい風がぬけて心地いい。いつも「この敷地だからこそ、この家族だからこそ」の回答を出したいと思っています。４年経過した家は、今は周りの風景にも馴染み、成長した木々の中で静かに佇んでいるように思います。

広間側の外観風景

右上／広間方向を見る
右下／子どもスペースから見るキッチン。キッチンの上は、子どもたちの秘密基地
左／全開放できる開口。デッキ、庭へと続く

広間に面した小部屋

**設計データ**

- ▸ 敷地面積…386.34 $m^2$（116.8坪）
- ▸ 延床面積…112.04 $m^2$（33.8坪）
1階（平屋）／112.04 $m^2$（33.8坪）
- ▸ 竣工年…2014年
- ▸ 用途地域…第一種低層住居専用地域
- ▸ 建ぺい率…28.91％（最大40％）
- ▸ 容積率…26.99％（最大80％）
- ▸ 構造…木造在来工法
- ▸ 設計・監理…kma一級建築士事務所
〒190-0165
東京都あきる野市小中野359
TEL：080-3023-6261
URL：http://www.k-m-a.net
E-mail：emi.i.kma@gmail.com
- ▸ 施工…有限会社 坂本建築

## その他の設計作品

**●HOOP HOUSE**
上左／エントランス側外観
上右／リビング側外観
下／リビングを見る

## 建築家からのメッセージ

**石井衣美** イシイ エミ
**●kma一級建築士事務所 代表**
1976年　長野県生まれ
武蔵工業大学大学院修了（現・東京都市大学）
（株）石本建築事務所勤務
渡蘭 The Berlage Institute在籍
（株）RTA勤務
2006年kma一級建築士事務所設立
建築設計・デザインを行う

**家をつくりたい方へ**

住まう人が、ふぅっ、と力を抜いて生活できるように。家は、そんな「くらしの器」でありたいと思います。
朝の陽ざし、風が吹き抜ける気持ちよさ、夕暮れ時の家の灯の温かさや、窓からのぞく庭の木々の緑。子どもと話をしながら料理することや、家族でご飯を食べること。私は子どもが生まれて、そんな暮らしの中の「小さな」幸せを、より感じるようになった気がします。住まいを考える上で、そんな「小さな」パーツを大切に設計したいと思っています。

**デザインすること**

建築設計の他に、パッケージのような小さなデザインも行っています。スケールの違いはありますが、「デザイン」を考える上では変わりません。小さなものから、大きなものまで。暮らしをデザインする上では、大切なことだと考えます。

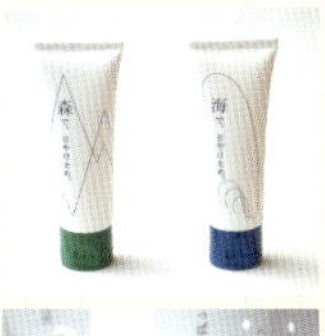

上／
「森で、日やけ止め。」
「海で、日やけ止め。」
下／濃縮Lotion「谷」

case 3

# 目黒の家・ハコノオウチ13

## 不整形の旗竿敷地を理想的な住空間に

箱型の家に三角形の外部空間を組み合わせた外観（以下すべて、撮影：上田宏）

- 本体施工費……4,500万円
- 家族構成……夫婦＋子ども3人
- 所在地……東京都目黒区

### プライバシーを守るための工夫が必要

敷地は高さ制限の厳しい不整形の旗竿敷地で、隣地にはいつ大きな建物が建ってもおかしくないようなコインパーキングと空き地がありました。そのため、周囲からプライバシーを守るための工夫が必要な場所で、さらに普通の3階建てでは高さ制限のため3階の天井が低くなってしまう状況でした。

建築主からのご希望は子どもたちのために玄関からサニタリーへ直行できる同線の確保と書斎や家事カウンター、パントリーのご希望など細かな点はありましたが、その他は自由に提案してほしいということでした。

### 厳しい条件をクリアし、理想的な動線を確保

高さ制限の中で3層を確保するため、1階を半地下として最高高さをクリアさせました。そして、スキップフロアにすることで、各室が最適に配置されるようにしています。

1階には玄関とサニタリーを隣り合わせて子どもたちが玄関から浴室へ直行する動線を確保。涼しい半地下には主寝室と書斎を。地面から半層上にダイニングキッチン、さらに半層上にリビングと大きなテラス、そこからさらに上がって子ども室を配置しています。地面より高い位置にあるＬＤＫはとても明るくできました。

さらに、子どもたちの部屋を玄関から最も遠い最上階にしたことで、ＬＤＫを通り抜けて部屋へ行く理想的な動線ができました。

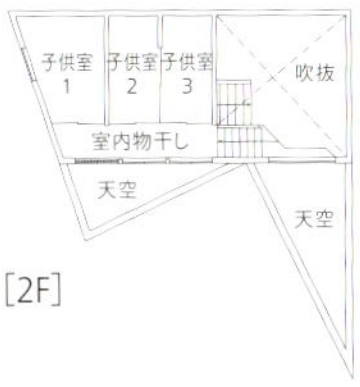


[2F]

[1F・2F]

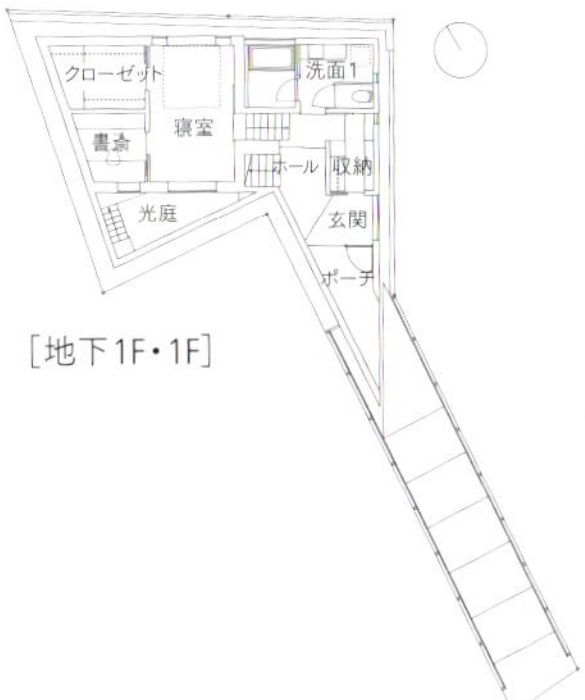


[地下1F・1F]

[断面図]

ダイニングキッチンからスキップして上がるリビング。
階段をあがると子ども室へ

リビングとつながるデッキテラス。
隣家や道路からの視線を遮断する斜めの壁

**設計データ**

- 敷地面積…131.86$m^2$（39.9坪）
- 延床面積…139.67$m^2$（42.3坪）
半地下／30.45$m^2$（9.2坪）
1階／59.17$m^2$（17.89坪）
2階／50.05$m^2$（15.1坪）
- 竣工年…2017年
- 用途地域…第一種住居
- 建ぺい率…48.29%（最大60%）
- 容積率…82.83%（最大200%）
- 構造…地下:RC造　地上:木造軸組工法
- 設計・監理…
株式会社 石川淳建築設計事務所
〒165-0023 東京都中野区江原町2-31-13
第一喜光マンション106
TEL:03-3950-0351　FAX:03-6382-6686
URL:http://www.jun-ar.info
E-mail:j-office@marble.ocn.ne.jp
- 構造設計…構造設計アソシエイツ（大沼耕平）
- 施工…株式会社 小野組

右上／ダイニングから大階段でリビングへ。
斜めの壁の内側は光庭
右下／子ども室のある最上階から
リビングを見下ろす。子どもたちは
LDKを通り抜けて個室へ至る動線
左／スキップフロアで上下階を
ワンルームにつなぐ

## その他の設計作品

**OUCHI-01**
ミニマルデザインの狭小二世帯住宅

**OUCHI-40**
横浜の二世帯住宅

**OUCHI-15**
富士市の二世帯住宅

## 建築家からのメッセージ

**石川 淳** イシカワ ジュン

**●石川淳建築設計事務所 代表**

1966年　神奈川県生まれ
1990年　東京理科大学工学部第二部建築学科卒業
1990年　建築家早川邦彦氏に師事
1993年　インターデザインアソシエイツ
2002年　石川淳建築設計事務所設立
2009年　東京理科大学工学部二部建築学科非常勤講師
2010年　(株)石川淳建築設計事務所として法人化

### 家をつくりたい方へ

好きな洋服を着ると素敵な気持ちになるように、好きなデザインの家で暮らす生活はとても豊かな気持ちになるものです。

性能や安全性といったキーワードがあふれていますが、それらを満たすのは家として当たり前です。その上でシンプルデザインで飽きのこない住空間を適正な費用で提案したいと考えています。

### 石川淳はこんな人です

湘南生まれということもあり、明るく前向きな性格です。高校時代は海の見える高校に「江ノ電」でのんびりと通い、学業そっちのけで部活や学校行事に奔走していました。そこでは、常識にとらわれない自由な物事の考え方を学び、また学生自治活動から、困難に立ち向かう力を得ることができました。2009年からは妻の石川直子と共同設計を開始し、女性の目線も大事にしながら設計活動を進めています。2018年現在で約70棟が完成お引き渡しできました。

# 風や光を遮断することなく、吹き抜けの向こうに空が広がる

## nu（and or）

▸ 家族構成……夫婦
▸ 所在地…………東京都目黒区

### 人通りの多い道に面した都心の住宅地

敷地が比較的人通りの多い道に面しているため、建築主のご要望でもあった、リビングから続くテラスの開放性と、通りからのプライバシーの確保が主な課題となりました。周囲から距離をとることが難しい都心の住宅地の中で、外からの風や光を遮断することなく、いかにプライバシーと開放感を両立させるかを念頭に設計しました。

### 自由に開閉できる大きな引き戸

建物は大きく孔のように穿たれた2階のテラスを中心に構成しました。通りに面したテラスの外壁側に大きな引き戸を設け、テラスから自由に開閉できるようにしました。

2層分の高さのテラスは、大きなガラス面を介してそのままリビングの吹き抜けとなっているため、引き戸を開くとリビングは外部へとそのままつながっているような開放的な空間となります。引き戸を閉じると、通りや近隣からの視線は完全に遮断され、テラスは空だけが見える壁面に囲まれた空間になります。引き戸を開閉することで、テラス空間を挟んで接する外部と内部のつながり方が変化し、新たな関係性が生じます。

テラスは南に面していますが、軒を大きくとることで夏は直射日光を遮り、冬は光が室内まで入り込むようにしました。

3階の寝室は2階リビングの吹き抜けと一体の空間となっていて、吹き抜けとの境界にも引き戸を設けました。引き戸を閉じれば独立した個室となり、開けば吹き抜けの向こうに空が広がります。

通りに面した大きな引き戸（以下すべて、撮影：中村絵）

上／テラスの床を
上げることで通りからの
プライバシーを確保
中右／吹き抜けに面した
引き戸を開くと
寝室の視界が広がる
中左／客間の建具を開いて
ホールに光を取り入れる
下／ひとつながりの
大きな空間

**設計データ**

- 敷地面積…79.34 $m^2$（24.0坪）
- 延床面積…119.31 $m^2$（36.1坪）
  1階／55.30 $m^2$（16.7坪）
  2階／48.16 $m^2$（14.6坪）
  3階／15.85 $m^2$（4.8坪）
- 竣工年…2013年
- 用途地域…
  第1種中高層住居専用地域
- 建ぺい率…70%（最大70%）
- 容積率…130%（最大200%）
- 構造…木造在来工法
- 設計・監理…
  岩崎整人建築設計事務所
  〒153-0065
  東京都目黒区中町2-31-14-101
  TEL&FAX：03-6809-1884
  URL：http://yiaa.net
  E-mail：mail@yiaa.net
- 構造設計…中田捷夫研究室
- 設備設計…岩崎整人建築設計事務所
- 施工…株式会社 幹建設

南西外観／通りに面した敷地

引き戸を閉じたところ

## その他の設計作品

**七里ガ浜の家**

**宇都宮の家**
（撮影：中村絵）

**l'air**（撮影：中村絵）

## 建築家からのメッセージ

**岩崎整人** イワサキ ヨシヒト
**●岩崎整人建築設計事務所 代表**
1973年 岡山県生まれ
1996年 東京大学工学部建築学科卒業
1998年 東京大学大学院工学系研究科
建築学専攻修士課程修了
1998年 原広司＋アトリエ・ファイ建築研究所入社
2006年 岩崎整人建築設計事務所設立
現在東京理科大学非常勤講師

### 家をつくりたい方へ

私が住宅の設計の上で大切にしていることは「新しい風景をつくりだす」ことです。住宅の中で人が周辺の環境と新しい関係のもとに置かれ、人との距離を新たにつくり出すことで、生活が新鮮な風景として立ち現れてくる、また、その新しい風景を日々の生活の中で感じることができる、そのような住宅をつくりたいと思っています。

### 趣味は何ですか？

美味しいものを食べることが大好きです。自分で料理をするのも好きなので、家の中でもキッチンにいる時間が結構長いです。これまで設計した住宅の中でもキッチンを大きな家具の一つとして捉えて、空間をつくる要素の一つにしているものが多くあります。

# 白空の家

▶家族構成……夫婦＋子ども1人

## テラスの大きな樹は生活に豊かさを与え<br>最良な空間に生まれ変わる

### 大人も子どもも楽しめる設計

中古物件に10年ほど住まわれた家の建て替えのご依頼でした。

お子様とご夫婦の3人暮らしで子どもとの時間と大人だけの時間を楽しめる家をご希望されていました。建物の形状に関しては南北に2方向道路に接しているのでうまく設計に工夫をして欲しいということが前提にありました。その他、使いやすいキッチンであることとキッチンからダイニング・リビングが見渡せること。夜にはカーテンをせずにリビングでくつろげ、住まいのどこかに畳室が欲しいこと。その他、収納などについても細かいご要望がありました。

### 2方向道路とは2方向からアプローチが可能だということ

機能性とデザイン性を兼ね備えた空間であることを第一に考えて設計することにしました。またご家族がどこにいても気配を感じながら暮らせるつながりを感じられる家を目指しました。

敷地は南北2方向道路に挟まれていたので、プランは風の通り、採光をよくすることを心がけながら、2方向どちらからもアプローチできるプランにします。また南側のリビングはテラスにつながり、道路からの視線を遮る目隠しの塀によりカーテンをしなくてもくつろげます。テラスに植えた大きなシンボルツリーは生活に豊かさを与えてくれます。

LDKとテラスが一体となる

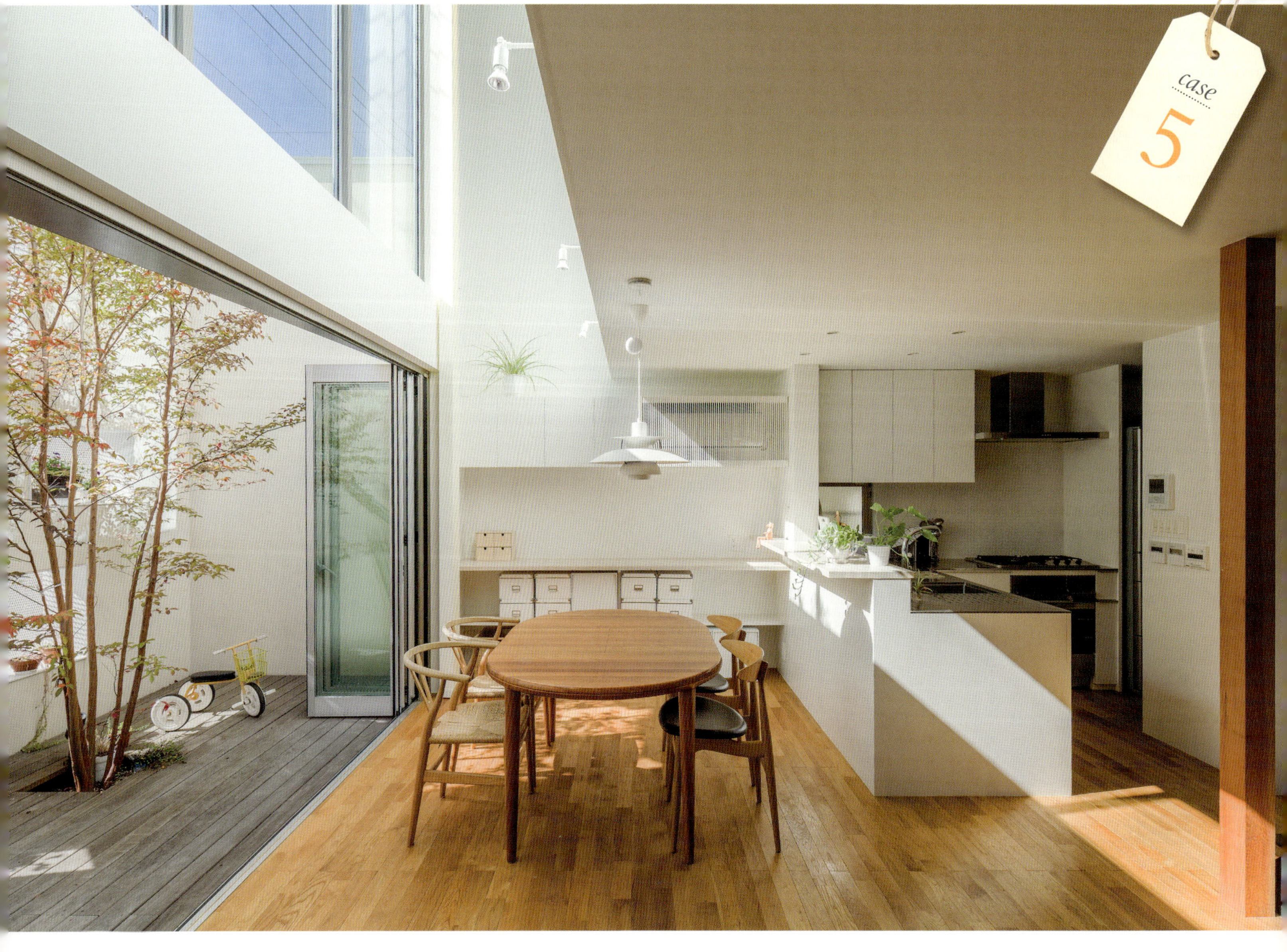

テラス。シンボルツリーを
生活の中に取り込む

外観。

目隠しスクリーンの夕景

右上／和室。麻を使った障子などで
趣向を凝らした建具
右下／ベッドルーム。リビングの
吹き抜けに通じる寝室
左／サニタリ。天窓をつけて
明るさと通風を確保

[2F]

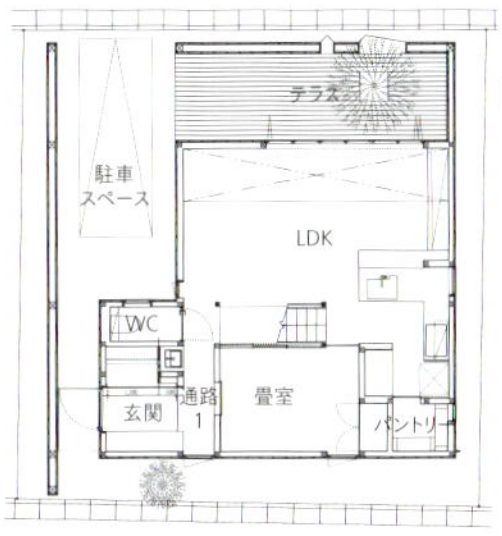


[1F]

**設計データ**

- 敷地面積…116.66m²（35.35坪）
- 延床面積…93.2m²（28.24坪）
  1階／50.92m²（15.43坪）
  2階／42.28m²（12.81坪）
- 竣工年…2013年
- 用途地域…第一種低層住居専用地域
- 建ぺい率…43.64%（最大50%）
- 容積率…79.89%（最大80%）
- 構造…在来軸組工法
- 設計…有限会社 ノアノア空間工房
  〒106-0032 東京都港区六本木7-17-22
  秀和六本木レジデンス701
  TEL：03-6434-7401
  FAX：03-6434-7402
  URL：http://www.noanoa.cc
  E-mail：tokyo@noanoa.cc
- 構造設計…エスフォルム
- 施工…株式会社 幹建設

## その他の設計作品

**O3 House**
都心のミニマル住宅

**絵本の家**
家族の成長がストーリーとなる家

**双倉の家**
機能性とデザイン性を兼ねた
二世帯住宅

## 建築家からのメッセージ

**大塚泰子** オオツカ ヤスコ
**●ノアノア空間工房 代表**
1971年千葉県生まれ。
日本大学生産工学部建築工学科卒業、同大学院修了後、
アーツ＆クラフツ研究所を経て、
2003年ノアノア空間工房を設立。
著書に『小さな家のつくり方』（草思社）があり、
各方面でセミナーや講師も行う。現在は建築設計と
日本大学、大妻女子大学にて非常勤講師をしている。

### 家をつくりたい方へ

人と人とが出会い、会話から生まれるデザインや発想を大切にしています。

時に固定概念を外したり、日本古来からある知恵を現代の生活に合うようアレンジしたり、多方面からのアイディアによって豊かな空間が生まれたりします。

自分たちにあった家をつくることで毎日の暮らしを楽しめることと思います。

建主の夢を叶えたいと思います。

### 今、興味のあることは何ですか?

4歳になる息子の成長を観察することが楽しいです。

いろいろなことに気づかせてもらっています。

そして相変わらず「建築」「アート」が好きで将来は1本映画を撮ることが夢です。

リビングダイニング。大開口から光が降り注ぐ（以下すべて、撮影：中村絵）

# 板橋小茂根の家

- 家族構成……夫婦＋子ども2人
- 所在地………東京都板橋区

## 角地を活かした明るく開放的な空間

### 使いにくい部分も最大限スペースを活用

建築主からは「断熱のしっかりした住宅」、「角地を活かした明るく開放的な空間」とすることが要望されました。設計を進める際には模型やCG、スケッチなどを用いながら綿密に打ち合わせをおこない、計画を詰めていきました。

敷地は角地にあり、南側の道路対面には公園が立地。桜の木があり、春に満開の桜が咲き誇ることから、この景色をぜひ室内に取り込みたいと思い2階にリビングを配置しています。

敷地北側は斜線がかかるため、上部にいくにつれ建築ボリュームが削り取られます。そのため使いにくい部分を駐輪スペースや設備・収納空間とし、最大限スペースを活用しています。

### 縁側のような空間が外との連続性を生み出す

リビング・ダイニングの配置された2階部分に角地の形状をなぞるように大きな開口部を設け、外の環境を室内に取り込む設計としました。開口部まわりにはひと続きの机コーナーをしつらえ、窓まわりのたまりの空間としています。ぼんやり周囲の景色を眺めながらコーヒーを飲んだり、家事をしたり、子どもの勉強をみたり。この場は、外との連続を意識した縁側のような空間であり、室内での生活行為に伸びしろをつくる空間でもあります。

建築の仕様としては、外断熱通気工法、エコキュート採用によるオール電化、床暖房の採用など、環境やランニングコストに配慮したものとなっています。

敷地は角地。隅切り部に木製扉のエントランス

玄関まわりの外壁は
アクセントとなる木張り

**設計データ**

- ▶敷地面積…51.97m²(15.72坪)
- ▶延床面積…88.06m²(26.63坪)
  1階／29.66m²(8.97坪)
  2階／35.36m²(10.69坪)
  3階／23.04m²(6.96坪)
- ▶竣工年…2015年
- ▶用途地域…第一種中高層住居専用地域
- ▶建ぺい率…68.05%(最大70.00%)
- ▶容積率…169.47%(最大200.00%)
- ▶構造…木造在来工法
- ▶設計・監理…荻原雅史建築設計事務所
  〒164-0012
  東京都中野区本町6-44-3-101
  TEL：03-6454-1427　FAX：03-6454-1429
  URL：http://www.masashiogihara.com/
  E-mail：info@masashiogihara.com
- ▶構造設計…村田龍馬設計所
- ▶施工…ワシン建築事務所

窓際の縁側机コーナー。さまざまな用途に使われる

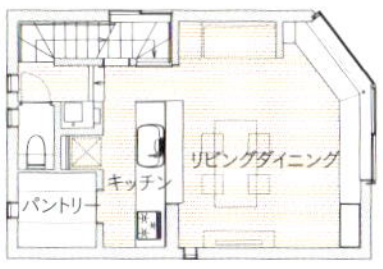


[2F]

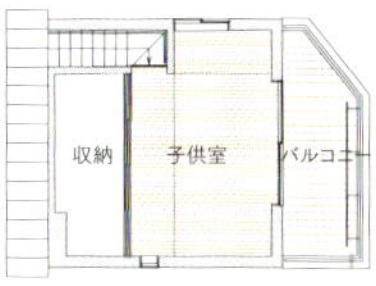


[3F]

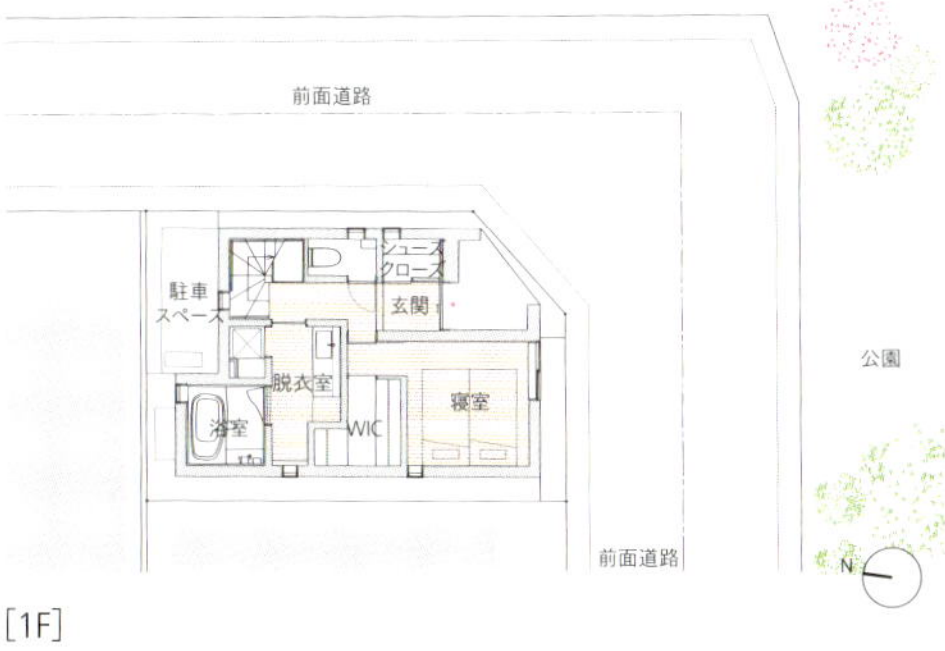


[1F]

2階手洗い。リビングに近いことで
朝や帰宅時に活躍

キッチン前の家具はオリジナルの造作

## その他の設計作品

**◎中野南台の家**
障子によってプライバシーを調整(以下3点、撮影：中村絵)

**◎中野坂上の集合住宅**
リノベーション全面改修

**◎積み重なりの家**
箱が積み重なった外観

## 建築家からのメッセージ

**荻原雅史** オギハラ マサシ
**●荻原雅史建築設計事務所 代表**
1978年　長野県生まれ
2002年　京都大学工学部建築学科卒業
2004年　京都大学大学院工学研究科建築学専攻修了
2004−08年　高松伸建築設計事務所勤務
2008年　荻原雅史建築設計事務所設立
2017年　錦町観光拠点施設プロポーザル 最優秀賞

**家をつくりたい方へ**

建築にワクワクしたことはありますか？「たのしい住宅」をつくることが大切だと私たちは考えています。どんなに高機能の住宅でも住む方にとってたのしいものでなければ、そこでの生活は苦痛でしかありません。人それぞれ趣味嗜好、価値観は多様化してきています。既成の概念を疑い、コミュニケーションを大切にしながら建築主の個性に合わせ、その生活に喜びや誇りを生み出したいと考えています。

**大切にしている言葉は？**

「暮らしが仕事、仕事が暮らし」この言葉を遺したのは陶芸家の河合寛次郎です。

住宅の設計は、日々の暮らしに密接に関わる仕事です。建築家に依頼することも、建築家がつくる家も決して特別なものではありません。暮らしの中に設計のヒントを得、日々の何気ない出来事が自然に積み重なるような家をつくりたいと考えています。ほんの少しの工夫により、そこでの生活はとてもワクワクしたものになります。

位置を工夫した窓。外壁は耐火性、耐久性の高い伝統材料の焼杉
(以下特記なしは、撮影:鳥村鋼一)

# 南大泉の住宅

- 本体施工費 ……2,500万円
- 家族構成 ……… 祖母+夫婦+子ども1人
- 所在地 ………… 東京都練馬区

## 明るさ、温かさ、風通しを改善し 距離感を調整できる二世帯住宅

### 狭い道路に面した 密集地での改装

子どもの成長に伴い、手狭になってきた住まいから奥様のご実家への引越しが改装のきっかけでした。

敷地に面する道が狭いため、隣家との距離が近く密集した印象で、室内が暗く感じられました。また、1階と道路の高低差が大きく、玄関に数段の階段がありました。

建築主からは、「耐震性、断熱性の向上」、「祖母エリアのバリアフリー化」、「独立二世帯ではなく、距離感を可変できる環境」、「明るいガレージ」、「明るく開放的なキッチン」、「暗かった室内を明るく」という要望がありました。

### 開放感とプライバシーを 両立させる

まず、窓の大きさ・位置・方位を工夫し、明るさ・温かさ・風通しなどの環境改善を図りました。窓位置は道路を歩く人と室内の人の視線が交差しない高さとし、開放的かつプライバシーが守られた環境を獲得しています。そして、1階床下は断熱材充填することで冬場の底冷えをなくし、暖房補助として床暖房を導入しました。

アプローチスペースを明るくするため、真上のバルコニーは半透明グレーチングに。さらに、アプローチ全面スロープ化することで、玄関段差をなくし、完全バリアフリーを実現しました。室内は奥が見切れるL型空間にすることで、面積以上の心理的な広がりと色々な居場所をつくり出しています。このL型空間は壁のような大引戸で分割も可能です。このように使い方によって、さまざまな距離感を調整できる状況をつくりあげました。

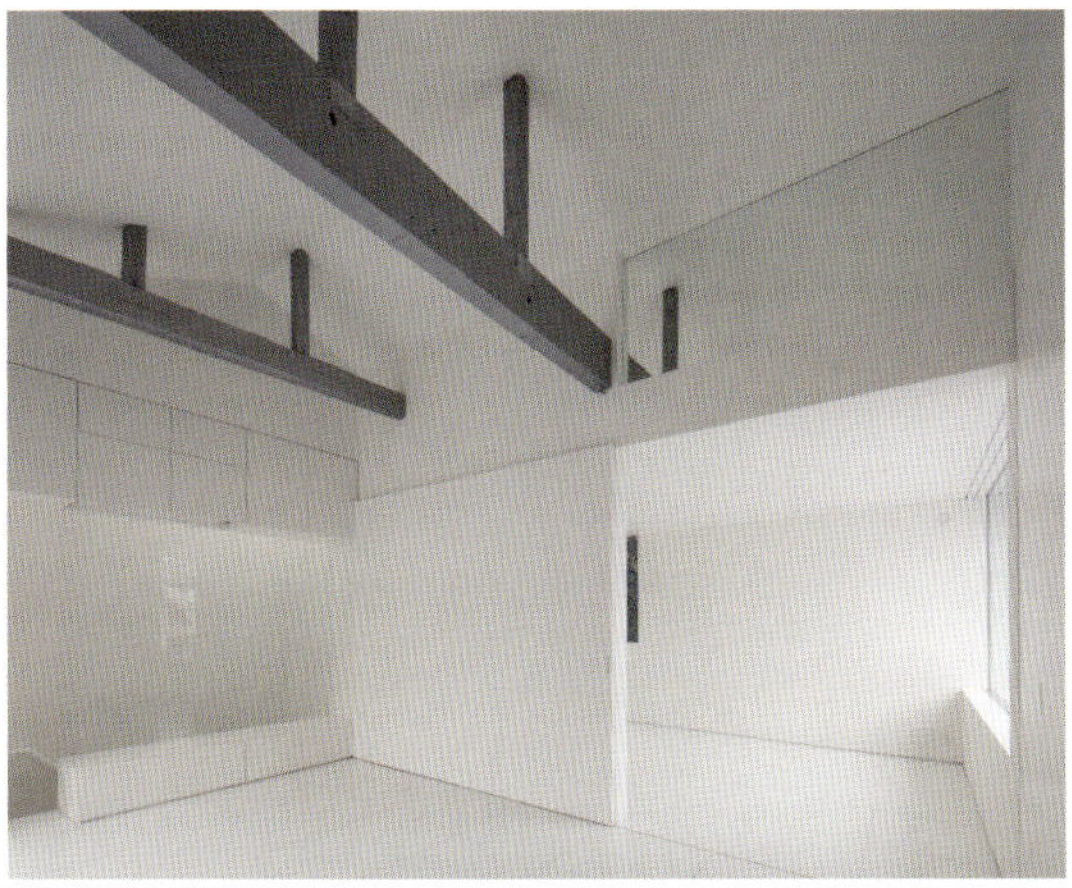

左上／リビングの奥に寝室が
見切れることで広さを感じさせる。
壁のような扉で仕切ることもできる
左下／アプローチ全面スロープにより、
入口周りも段差解消でバリアフリー化
右／開口が大きく明るい
ダイニングキッチンエリア

●Before

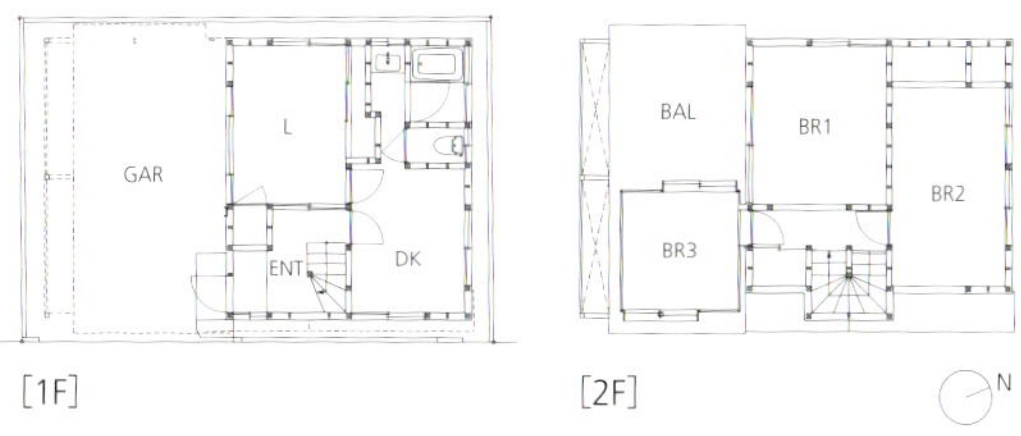


[1F] [2F]

●After

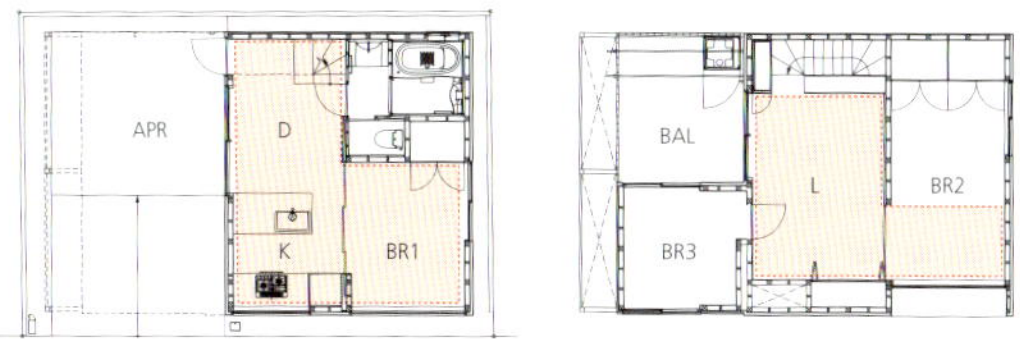


[1F] [2F]

**設計データ**
▶ 敷地面積…78.61m²（23.77坪）
▶ 延床面積…72.93m²（21.90坪）
1階／33.12m²（10.02坪）
2階／39.27m²（11.88坪）
▶ 竣工年…2016年
▶ 用途地域…第一種低層住居専用地域
▶ 建ぺい率…49.95%（最大50%）
▶ 容積率…92.08%（最大100%）
▶ 構造…在来木造工法
▶ 設計・監理…小谷研一建築設計事務所
〒168-0064 東京都杉並区永福3-50-2-203
TEL：03-6379-2196 FAX：03-6379-2198
URL：www.k-otani.com
E-mail：info@k-otani.com
▶ 構造設計…馬場貴志構造設計事務所
▶ 施工…株式会社 スリーエフ

天井をグレーチングに
変え、真っ暗だった
ガレージが明るくなった

既存外観。
左奥にある
ガレージは真っ暗
（撮影：小谷研一）

## その他の設計作品

○下馬の住宅
（撮影：阿野太一）

○浜田山の住宅
（撮影：鳥村鋼一）

○松原の住宅
（撮影：鳥村鋼一）

## 建築家からのメッセージ

**小谷研一** オタニ ケンイチ

●小谷研一建築設計事務所 代表

1975年 アメリカ合衆国イリノイ州生まれ／2000年 東京理科大学理工学研究科建築学専攻修士課程修了／2001年 乾久美子建築設計事務所勤務／2003年 小谷研一建築設計事務所設立／2011―16年 昭和女子大学非常勤講師／2017年― 東洋大学非常勤講師／TDYリモデルスマイルコンテスト最優秀賞（2010）、住宅セレクションVol.3入賞（2011）、第28回住まいのリフォームコンクール優秀賞（2012）

### 家をつくりたい方へ

住宅では住む人が長時間を過ごし、その生活は唯一無二です。そのため許される限りの時間をかけた検証の積み上げが必要と考えます。そこで大切にしていることが3つあります。1つ目は、要望のキャッチボール。本当にそれで良いのかなど、潜在的な要望の発掘。2つ目は、要望・条件に対し、あらゆる可能性を形にする。形にすることで互いに確認し、可能性を探求。3つ目は、膨大な巨大模型。縮尺1／20以上の模型によって、よりリアルな検証を行い、イメージを共有。

### 新たなアウトプットのために

年に一度は旅行へ行くことにしています。可能であれば行ったことのない国へ。初めての街は、まず歩き回る。雰囲気に慣れたらバスに乗ってみる。何となく頭の中に位置関係ができてきたら、あてもなくバスに乗ってみる。風景を眺めていると断片的だった頭の地図が連続したものになってくる。こうして得られた予定調和でない新たな発見や刺激がその先の自分に大きな影響、インプットとなります。

構造材をデザインに。天井高の高低で空間を演出

# K-House

- 家族構成……夫婦
- 所在地…………東京都品川区

## 多様な部屋がそれぞれの個性を持ちながらつながる

### 会話の中から潜在的な要望を探る

都心の線路沿いの住宅密集地に建つ住宅です。条件としては老朽化による建て替えのため、新たな憩いの場、人の集まる場、招き入れる場、趣味の場、安らぎの場として。あとは物が多いこと、周りを建物で囲まれていること、騒音振動があること等々。またご要望により方位学による幾多の検討を重ねて進めていきました。

すべての条件を満たしながら、どんな魅力的な空間ができるかともにデザインが始まりました。明るく開放的な空間と安らぎの場、プライバシー空間を敷地を読みながら配置検討し、また会話の中にもたくさんのヒントや潜在的な要望があり、試行錯誤しながらつくっていきました。

### 開放感と変化、安らぎと趣

階高を通常の1・5倍とし、その隙間に大きな収納スペースを、その他は高い天井高の空間やロフトを配置。これにより光が廻り開放感と変化、安らぎと趣のある空間に。振動騒音対策は杭で建物を支え、内側に2重窓、半透明防音材を用いデザインと兼ねています。

また構造体は無理のないよう操作し、趣のある柱、梁をデザインに取り込み演出。開口部は木ルーバー、半透明素材により昼は光を拡散させ、夜は間接照明により柔らかな光が建物を包み込む。また開放的な浴室や離れの書斎、オーディオルーム、囲われたテラスなど多様な部屋がそれぞれの個性を持ちながらつながっています。

右／木の質感を
そのまま表し
味わい深い空間に
左／天井高の高低と
制御された光により
向かい入れる空間に

上／石、タイル、
木質の調和。
ルーバーにより光を拡散し
柔らかい空間に
中／2Fロフト。
夜は幻想的な雰囲気に
下／プライバシーと
開放感を満たす
囲われたテラス

**設計データ**

- 敷地面積…188.13$m^2$（56.92坪）
- 延床面積…202.64$m^2$（61.29坪）

1階／105.74$m^2$（31.98坪）
2階／96.90$m^2$（29.31坪）

- 竣工年…2016年
- 用途地域…第一種中高層住居専用地域
- 建ぺい率…59.94%（最大60%）
- 容積率…105.73%（最大160%）
- 構造…木造在来工法
- 設計・監理…オノデラヨシヒロ建築設計室

〒162-0806 東京都新宿区榎町71
TEL：03-5261-5519 FAX：03-6671-0808
URL：https://onodera-archi.com
E-mail：info@onodera-archi.com

- 構造設計…シール＆パートナーズ
- 設備設計…設計工房 アヴァンセ
- 照明設計…灯り計画
- 施工…CM分離発注方式

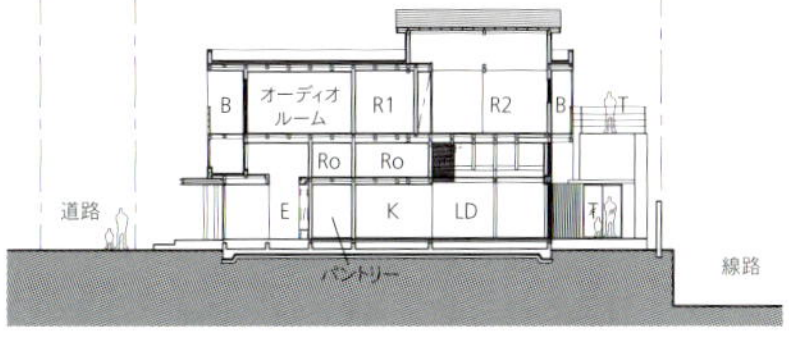


［断面図］

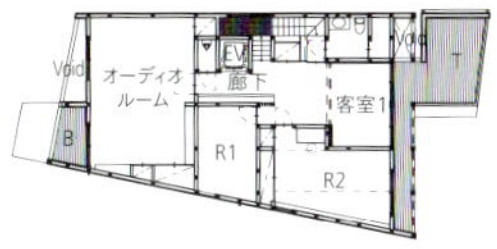


［2F］

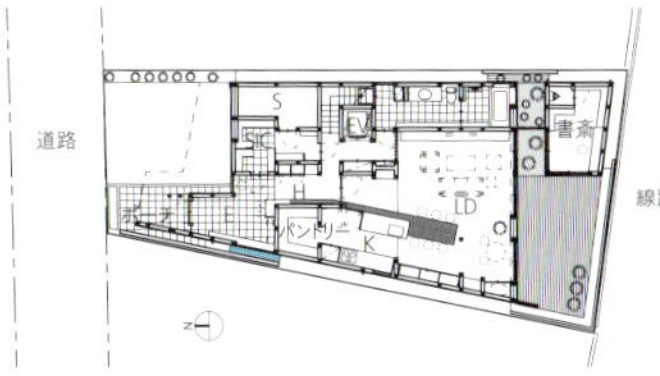


［1F］

## その他の設計作品

**KP-Project**
環境共生型のオフィス

**Void Cube**
内外部が多様に
つながった住宅

**SR邸**
木造3階建の狭小住宅

## 建築家からのメッセージ

**小野寺 義博**《オノデラ ヨシヒロ》
**●オノデラヨシヒロ建築設計室 代表**
1971年 埼玉県生まれ
1995年 芝浦工業大学工学部建築工学科卒業
2004年 オノデラヨシヒロ建築設計室設立
グッドデザイン賞、Architizer A+Awards優秀賞（アメリカ）、
JCDデザインアワード、埼玉県環境住宅賞、
川口市都市デザイン賞、
Best Store Of The Year 優秀賞 etc.
現在、首都圏を中心に全国にて活動中

**家をつくりたい方へ**

言葉にならないもの、感覚を探していくことが大切だと考えています。家とは人・生活そのものです。だから人の数だけ違う形がある。その形を探すのが私たちの仕事です。どんな要望、希望、難題でも何でも伝えてください。空間には無限のパターンがあるので、必ず解決策「形」に辿り着きます。それを「これでもいい」ではなく、「これしかない」というものまで突き詰めていくと自分だけの世界に一つの素敵な家になります。

**趣味は何ですか？**

一人旅が好きですね。建物や街並み、風景などを見るために暇があれば日本でも海外でもぶらりと出かけて行きます。異文化の街や建物を目にしたり、人々の生活に触れたりしていると、そこからまた新しいインスピレーションが生まれます。この街この空間の感じを建物で提案したいなーとか。結果的に旅で見たものは自分の中で熟成され、自分の中の新しい引き出しになっていますね。

公園の緑に浮かぶ3層シェル

# Three-layered SHELL Residence

- 家族構成……夫婦＋子ども1人
- 所在地…………千葉県四街道市

## 都内にはない豊かな周辺環境を自分たちのものとして取り入れる

### 周囲との距離感が近すぎる敷地

この環境で暮らすことへの整理。この地のよきものを感じることのできる住まい。

敷地の4面中3面が道路や公園と開放的であり、その豊かな周辺環境からは虫の声も聞こえてきます。ただ裏を返せば周囲との距離感が近すぎる敷地でもあります。

近年、都内で暮らされていたご夫婦。子育てを期に、ご主人の実家近くへ移住しての家づくりでした。

### 安心感のある距離をデザイン

この建物は、3層シェルに包まれたRC造2階建ての住宅です。

シェルは外から敷地を包む杉板型枠のコンクリートシェル、室の内外を柔らかく包む天然土壁シェル、盾となり人を包むリン酸の金属シェルとなっており、穏やかな時の中、そのシェルの内外では光や風、水、緑、音、香りなどの環境たちを敷地内のすぐ手に入る距離に配置しました。

普段は一定の距離を保っており、住み手の選択によって触れることができるという安心感のある距離をデザインしました。また周囲との近すぎる距離も、計画におけるレベルや向きによって「閉じているようで開かれていて、開かれているようで閉じている」「つながっていそうでつながっていなくて、つながってなさそうでつながっている」などのような周囲との対義的な関係性が築け、都内にはない周辺環境も自分たちのものとして取り入れることができました。

叩き曲げられた28mmの鉄が
支えとなっている螺旋階段

門扉の木と鉄、そしてその奥には版築壁の土

リビングより庭と螺旋階段を見る

**設計データ**

- 敷地面積…531.59m$^2$（160.8坪）
- 延床面積…499.84m$^2$（151.2坪）
1階／307.32m$^2$（92.9坪）
2階／192.52m$^2$（58.2坪）
- 竣工年…2016年
- 用途地域…第一種低層住居専用地域
- 建ぺい率…58.48%（最大60%）
- 容積率…94.03%（最大100%）
- 構造…鉄筋コンクリート造
- 設計・監理…
m-SITE-r/1級建築士事務所+DESIGN
〒152-0011 東京都目黒区原町1-17-5
TEL：03-3793-2760　FAX：03-6303-0161
URL：www.m-site-r.net
E-mail：info@m-site-r.net
- 構造設計…なわけんジム
- 施工…栄伸建設 株式会社

重なり合う3層シェル

2階テラスより切り取られた遠景を望む

手に入れたグリーンとブルー

## その他の設計作品

**◎都市のツリーハウス**
事務所兼自邸

**◎時計台の家**
店舗＋賃貸住宅

**◎江東メディカルタワー**
総合健診センター

## 建築家からのメッセージ

**加藤雅明** カトウ マサアキ
**●m-SITE-r代表**
1974年　福井県生まれ
1997年　神奈川大学建築学科卒業
横浜、都内の設計事務所を経て、
2001年　m-SITE-r/DESIGN OFFICE設立
2003年　m-SITE-r/1級建築士事務所＋DESIGN OFFICEに改組
日本建築家協会優秀建築選受賞など

### 家をつくりたい方へ

敷地の特性を最大限に引き出すことを考えるのは当然のことながら、私たちはまずは住み手に愛着を持ってもらえるような家づくりを心掛けています。例えば月日を重ねても飽きのこないデザインや、経年で変化する汚れも味と考えてもらえるように、生き物を育てるように優しい気持ちで接してもらえるようなモノづくりの考えです。そうしてできた家族の一員のような家が最高の家だと考えております。

### 今、興味のあることは何ですか?

私は2人の子どもの親でもあります。未来ある子どもたちに親として建築家として何が残せるかということを常に考えるようになりました。子どもたちが暮らすまちとつながった商店街の一角に事務所を構えていることもあり、このリアリティのある世界から、ものづくり、ひとづくり、まちづくりを行い、大きな都市を下から眺め、色々な物事をボーダレスに未来へとつなげていきたいと考えています。

L型の建物と森に囲まれた中庭（以下すべて、撮影：新 良太）

# 稲村ヶ崎の住宅

- 家族構成……… 夫婦＋子ども3人
- 所在地………… 神奈川県鎌倉市稲村ヶ崎

## 周辺環境を活かし、自然と一体化した空間

### 個室は最小限、リビングを極力大きく

自己所有する広大な保安林に囲まれた敷地に設計した住宅です。西側のみ隣地に接しているものの、敷地が一番高く行き止りの道路に接するという条件でした。建築主は北と西にL型平屋の建物を配置し、周囲からの視線を遮りつつ、建物と保安林に囲まれた中庭のような空間のある家をご希望されました。家族構成は夫婦と子ども3人の5人家族です。個室は最小限でよいので、リビングを南側の庭に向けて極力大きく取り、開放的な空間を望まれました。

### 心地よい自然環境を活かす

周辺自然環境が心地よいため、自然と一体化した空間をつくりたいと思いました。そこで建物が庭に面している部分に壁をつくらず、視線を遮らない開放的な空間としました。そしてオーダーサイズの大きなサッシを使い、サッシ枠を床や天井で見切り、縁側と室内の床レベルをそろえることで、部屋の中にいても外部とつながったような空間としました。4畳程度の個室4つを西隣地側に纏め、リビングを大きくとっています。建具に古材の蔵戸や杉の雨戸等を使い、環境にも考慮しました。古材の色の違いは、自然油塗料を一回塗りし、統一感を持たせました。新築でも古材を使うことで、落着きも生まれました。庭に面し一間の軒を取り、快適な半屋外空間をつくりました。軒により夏の日射を遮り、上部の窓から自然換気をする、環境を活かした設計としました。

古材蔵戸を
利用した玄関戸

キッチンから中庭の眺め

中庭と縁側の夜景

上／縁側、中庭とつながるリビングの眺め
下／古材杉雨戸を利用した収納とキッチン

**設計データ**

- ▶ 敷地面積…443.73 $m^2$（133.96坪）
- ▶ 延床面積…103.38 $m^2$（31.27坪）
1階／103.38 $m^2$（31.27坪）
- ▶ 竣工年…2017年
- ▶ 用途地域…第1種低層住宅地域
- ▶ 建ぺい率…30.07％（最大40％）
- ▶ 容積率…23.29％（最大80％）
- ▶ 構造…木造在来工法
- ▶ 設計・監理…H2DO一級建築士事務所
〒166-0012 東京都杉並区
和田1-10-12 803号室
TEL：03-3383-1380　FAX：03-3383-1380
URL：http://www.h2do.net
E-mail：info@h2do.net
- ▶ 構造設計…江尻建築構造設計事務所
- ▶ 施工…ウスイホーム 株式会社

## その他の設計作品

**立川ガレージハウス**
落着く間接光の
54畳リビング

**オール
オリジナルカグの家**
家具がすべて
オリジナルの住宅

**可動家具
リノベーションの家**
可動部屋のある
勾配屋根の家

## 建築家からのメッセージ

**久保和樹** クボ カズキ
**●H2DO一級建築士事務所代表**
1975年　広島県生まれ
1998年　広島大学工学部第4類建設系卒業
2000年　広島大学大学院工学研究科環境工学専攻修了
2006年　H2DO一級建築士事務所設立

**家をつくりたい方へ**

住空間がメインの設計事務所です。設計時には、家でのアクティビティやライフプランに重点を置いています。特徴は、建築主参加型の「いえづくりワークショップ」や「DIY施工」などです。自然エネルギーを最大限に利用した住空間づくりに敷地や建物の環境シミュレーションも取り入れています。 建物や内装、家具も含めて、トータルデザインで、快適で効率的な住まいが生まれると考えています。

**今、興味のあることは何ですか？**

現在はビスや接着材を使わないで組み立て可能な、DIY家具開発に興味を持っています。一般の方でも簡単に組み立てて、オイル塗装で仕上げます。それにより建築主が、家づくりに参加できます。セミオーダーで家のサイズにあった大きさの家具なども開発したいと思います。木材の素材を床や壁の素材と合わせることで、家具が住空間の中に溶け込むような一体感のある空間がつくれると考えています。

## 旧国道に面した角地の住宅の建て替え

車の往来が多い、旧国道に面した南西の角地に建つ住宅の建て替えです。

建築主からは、①大地震などの自然災害にも耐えうる住まい、②前面道路からの騒音や振動を防ぎ、光あふれる風通しのよい住まい、③生活しやすい家事動線、④家族間のプライバシーを守りつつ、程よい距離を保てる間取り、以上の4点を踏まえ「快適でカッコイイ家に住みたい」というご要望をいただきました。

## 鉄筋コンクリート造と木造のいいとこ取り

お話を伺い、敷地内をトータルデザインしていく運びとなりました。

地震などの自然災害にも屈しないこと、騒音・振動を防ぎ、夏涼しく冬暖かい快適な温熱環境を追及したところ、堅牢な鉄筋コンクリート造の特性と、軽やかで暖かな木造の特性をあわせ持つハイブリット構造にたどり着きました。両者のいいとこ取りをしたハイブリット構造は、コスト的にも優れ、意匠的にも特徴のあるファサードを形成するに至りました。道路側にはマッシブな鉄筋ンクリート造の壁が立ちはだかり、外部からの喧騒を遮断します。一方、建物内部は木肌のやさしいテクスチャーに包まれ、一日の疲れを癒してくれる空間となりました。また、建物の調和を彩る中庭には、手入れの行き届いた芝が覆い、世代を超えた家族の憩いの場として使用されています。

今後、この住まいがご家族とともにどんな物語を紡いでいくのか、楽しみでなりません。

# 外部からの喧騒を遮断し、内部は木肌のやさしいテクスチャーに包まれる

# ハイブリッド構造の家

- 本体施工費……7,700万円
- 家族構成………父＋夫婦＋子ども1人
- 所在地…………愛知県豊橋市

case 11

前面道路からの外観。コンクリートの壁に挟まれた木構造の住宅
（以下すべて、撮影：鈴木文人）

右／エントランス部分。軽やかな軒が
コンクリトートの壁に陰影を落とす
左／中庭からサンルームを望む。
サンルームは洗濯物干しスペースとして最適

リビングから
ダイニングを望む。
吹き抜けには
書斎への
キャットウォークが
掛かる

コンクリトートの壁から
持ち出された階段の踏板

**設計データ**

- 敷地面積…481.58m²（145.68坪）
- 延床面積…261.77m²（93.48坪）

1階／145.53m²（44.02坪）
2階／116.24m²（35.16坪）

- 竣工年…2015年
- 用途地域…準工業地域
- 建ぺい率…40.84%（最大70%）
- 容積率…51.34%（最大200%）
- 構造…

木造＋鉄筋コンクリート造の混構造

- 設計・監理…佐野修建築設計事務所

〒112-0005 東京都文京区水道
2-13-2 前田ビル501
TEL:03-3941-7051
FAX:03-3941-7061
URL:http://www.sanoosamu.com
E-mail:info@sanoosamu.com

- 構造設計…

リズムデザイン＝モヴー級建築士事務所

- 施工…丸中建設 株式会社

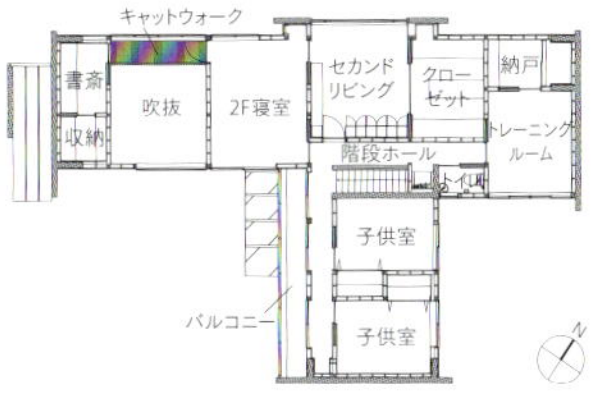


[2F]

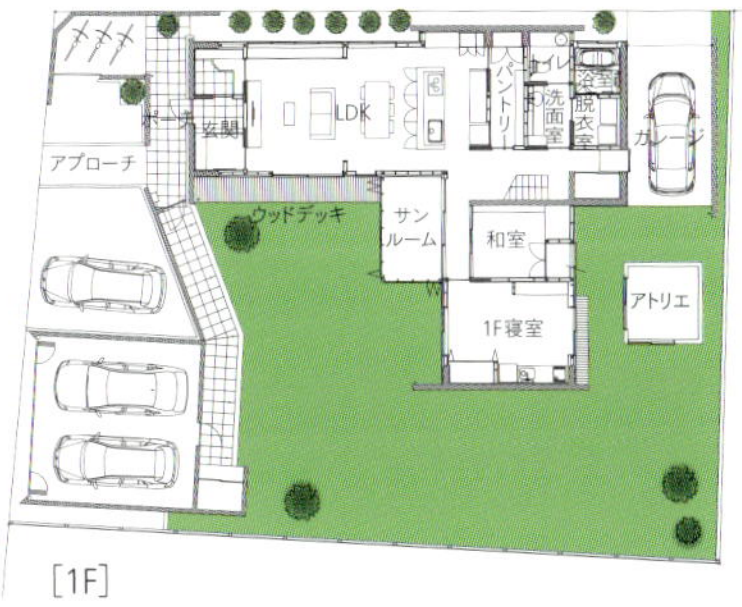


[1F]

明るく清潔感のある
広い洗面化粧室

セカンドリビングルーム。
大切な蔵書を収納できる本棚を壁一面に設置

## その他の設計作品

**◎中庭のある家**（葉山町）
コの字型プランの中庭

**◎古民家再生の家**（大田区）
建て替えのため既存建物の
一部を再利用した住宅

**◎光あふれる家**（文京区）
鉄筋コンクリート造3階建て
外断熱の家

## 建築家からのメッセージ

**佐野 修** サノ オサム
●佐野修建築設計事務所 代表

1970年　愛知県生まれ
1997年　宇都宮大学大学院修士課程修了
1998年　葛西潔建築設計事務所入所
2000年　佐野修建築設計事務所設立
2006年　(株)佐野修建築設計事務所（法人化）
2007年－　武蔵野大学非常勤講師
現在、住宅の設計・監理を中心に、
耐震診断・耐震補強、宅建業等、幅広く活動中

### 家をつくりたい方へ

建築家は建て主の代理人です。ともに考え、ともに吟味し、ご要望を具現化するのが私たちの仕事です。打ち合せを重ね、一つ一つ設計を詰めていきます。家づくりにはさまざまな思いが込められ、形づくられます。その思いの詰まった住まいが完成し、その後ご家族とともに歩む場となります。住まいが一番のくつろぎの場となるよう、お手伝いさせていただきます。

### 建築家目線の土地探し

土地を持っていない方に土地探しのお手伝いした経験から、宅建業の免許も取得しました。

不動産業者の立場ではなく、建築家の目線で土地探しのお手伝いをいたします。また、他社から土地を購入される際も、どのような建物が建てられるかのご相談にも応じます。思いの実現のため、さまざまな角度から検討されてはいかがでしょうか。

case 12

# 空間へのアプローチが印象的なギャラリー併設住宅

外観／内部のプライバシーの確保とジュエリーの撮影のため閉じた外観とした

## cocoon

▸家族構成……夫婦
▸所在地…………東京都三鷹市

### 外部は閉じながらも内部空間は伸びやかに

敷地は6角形の敷地形状をしており、その敷地形状に倣って平面形状を解きました。奥様がジュエリーデザイナーであり、そのギャラリーをほどよく分離しながら配置することを求められました。入口を別々にすることで、仕事とプライベートを分離しながら、内部では小さなドアでつながります。シンプルに生活したいという要望を受け、素材も素朴ながら表情のあるマテリアルを使いました。街中での計画のため、外部は閉じ、上からの採光のみとしたことで、カーテンを使わずとも生活が可能になっています。閉鎖的な外観とはまったく違う伸びやかな内部空間をつくりたいと思いました。

### 独自の表情と風合いを持つ素材を厳選

ギャラリーを併設するため、その距離感と形態に注意を払いました。外観は閉じながらも、アトリエらしい印象的な外観としています。入口を躙り口にしてみた一方、住宅ドアはとても背の高いドアとして変化を持たせることで、それぞれの空間へのアプローチを演出しています。素材をとても重要視し、モルタル、鉄板、石、無垢のフロアを使って、素材そのものがそれぞれ独自の表情と風合いを持つものを厳選しています。光の印象的な、コントラストの強い住宅にできたと思います。

**設計データ**

- 敷地面積…157.82m²(47.75坪)
- 延床面積…160.74m²(48.63坪)

1階／85.07m²(25.74坪)

2階／75.67m²(22.89坪)

- 竣工年…2016年
- 用途地域…

第一種低層住居専用地域

／近隣商業地域

- 建ぺい率…57.80%(最大57.90%)
- 容積率…101.86%(最大103.71%)
- 構造…木造在来工法
- 設計・監理…


株式会社 キューボデザイン建築計画設計事務所

〒150-0012 東京都渋谷区広尾5-19-14 卯月ビル4F

TEL:03-6456-4263　FAX:03-6456-4264

URL:www.cubod.com

E-mail:cubo@cubod.com


- 構造設計…正木構造研究所
- 施工…渡邊技建 株式会社

右上／リビングダイニング。トップライトからの採光のみとし、プライバシーを確保

右下／リビング。壁の鉄板を外部デッキまで伸ばして一体感をつくった

左／ギャラリー内部。一方方向からの光のみとし光の印象的な空間とした

右／ギャラリー入り口。躙り口の高さとし、ギャラリー内部の高さを強調した

左／玄関から階段を見る。階段を造形的な形態とし、2階へ続く期待感を持たせる

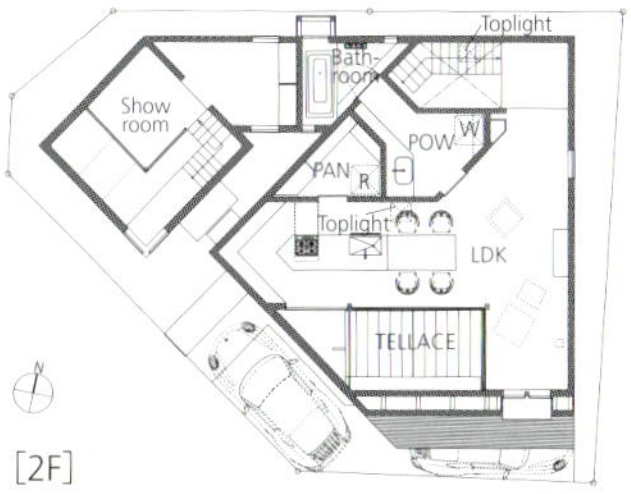


[2F]

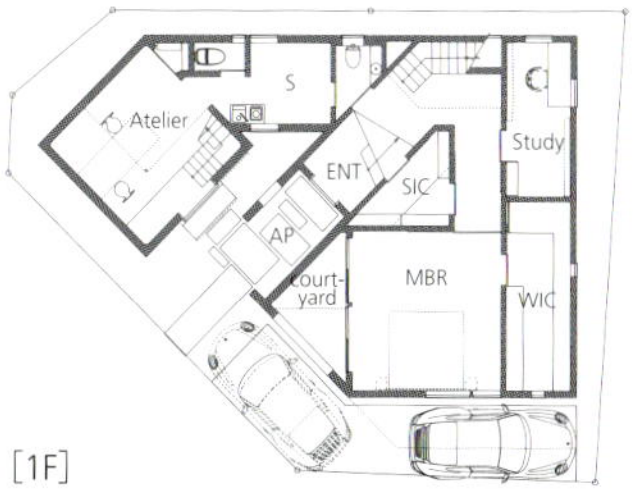


[1F]

## その他の設計作品

**RenoK**

ホテルのようなラグジュアリーリノベーション

**M4**

どこからでも景色を眺められる住宅

**Hafye**

町を眼下に臨むロケーション住宅

## 建築家からのメッセージ

**猿田仁視** サルタ ヒトシ

●**キューボデザイン建築計画設計事務所 代表**

1971年長野県松本市生まれ。

横浜国立大学経営学部卒業後、大工を3年間経験し、その後住宅現場管理業務に従事。

設計デザイン事務所にて、住宅設計・店舗設計・施工管理の現場に携わる。

2004年キューボデザイン建築計画設計事務所を設立。

住宅デザインを主軸に、店舗設計・リノベーション等、全国で精力的に活動する。

### 家をつくりたい方へ

独自性・個性の強い住宅をつくりたい、という方は是非ご相談ください。和でも洋でもない空気感を持ち、独特の空気感、艶のある居心地のよさを追求しています。自然光・照明光を印象的に使いながら、気持ちのよい住宅を目指します。お客様の意見をじっくり抽出しながら、本当にお客様がつくりたいと思える住宅を引き出せればと思っています。

### 趣味は何ですか?

幼い頃に14年間習っていたバイオリンを復活してたまに弾いています。脳が活性化するような感じがして、とても楽しく感じます。

case
13

立方体の外観の中には二世帯住宅と事務所が入っています

# CUBO

## シンプルな立方体に潜む多様な生活

▶家族構成………［親世帯］夫婦
［子世帯］夫婦
＋子ども2人
▶所在地…………福島県福島市

### 二世帯住宅とオフィスの共存

建て主は福島市にて2人の子育て中で共働きのご夫婦。日々の暮らしに、無駄のない生活動線と無駄のないデザインが求められている中で、建て主から「シンプルで立方体の外観」、さらに「二世帯住宅にオフィスを併設」という要望がありました。

そこで、併用住宅でも快適に暮らせるように、オフィスと住宅のエントランスを分け、両方を行き来できるように扉を中に設ける提案をしました。

また、二世帯住宅のため、気になる生活音などが上下階に伝達しないように、間取りに気を使いながら、見逃しがちな設備に防音の工夫も施して、設計していきました。

最終的には新築になりましたが、ご要望に対して、リフォームか新築か、どちらのほうがより良い住宅になるのかを、一緒に考え、悩み、そして判断しました。

### 立方体の中に詰められた工夫とは

CUBOという名前の通り、建物は要望にあった立方体になっていますが、洗練されたシンプルな形の中でも、窓をランダムに配置したり、壁や床など部分的に色を使用したりして、家全体の随所に遊び心のあふれる工夫を施しています。

内装には、強度や耐久性に優れる「ロシアンバーチ合板」を多く使用しました。子どもが遊んでいても傷つかない硬い合板を選び、家の統一感を出すように心がけました。

また、1階の親世帯と2階の子世帯をつなぐ階段は、一番高いところで約5・5mの天井高を確保し、天窓も付けて、明るく開放的な空間を演出しています。

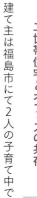

3色の青を使った階段が
家の中心に設置されています

寝室の窓は必要なだけの
採光と通風を確保するため
細い窓が設置されています

子どもたちが床で遊べる
リビングの畳スペース

**設計データ**

- 敷地面積…296 $m^2$（89坪）
- 延床面積…160 $m^2$（50坪）
1階／80 $m^2$（25坪）
2階／80 $m^2$（25坪）
- 竣工年…2018年
- 建ぺい率…30%（最大60%）
- 容積率…65%（最大160%）
- 構造…在来木造（耐震金物工法）工法
- 設計…株式会社 DIG DESIGN
〒157-0066　東京都世田谷区成城1-1-5
成城TNビル4F
TEL：03-5727-8747　FAX：03-5727-8616
URL：http://www.digdesign.jp
E-mail：office@digdesign.jp
- 施工…菅野建設 株式会社

上／子世帯のリビングは明るい木を
ふんだんに使っています
下／本やランドセルやおもちゃなど、
子どもたちの成長に合わせて自由に使える収納棚

## その他の設計作品

**Coatrium**
上／リフォームでも新築と
同じように快適に過ごす家を
つくることができます
下／築50年の家も
新築同様に様変わりします

## 建築家からのメッセージ

**嶌 陽一郎** シマ ヨウイチロウ
●DIG DESIGN代表
1975年神奈川県生まれ
2001年7月川崎市多摩区にて住宅の設計事業開始
2002年よりカンボジアの小学校運営ボランティア活動開始
2012年3月に株式会社に組織変更
2012年5月に世田谷区成城に事務所移転

**家をつくりたい方へ**
地震に強い住宅、二世帯住宅を中心に手がける設計事務所です。竣工した後も毎年点検を実施してメンテナンスのアドバイスをいたします。機械や衣服と同じで、家も手をかけることで長く住めるようになります。家の寿命を伸ばせます。最初の打ち合わせからショウルームへの同行から工事管理、メンテナンスと一人の担当者が担当しますので行き違いがなく安心です。

**趣味は何ですか？**

今年からお茶を習い始めました。お茶室の設計の仕事がきっかけですが、勉強のため国宝の茶室や道具に触れるうちに日本の文化を学びたくなり、そのまま裏千家に入門して稽古を受けています。

お茶の入れ方だけではなく、和室に必要な建築の知識が体を通じて学べるので、とても良い機会になっております。

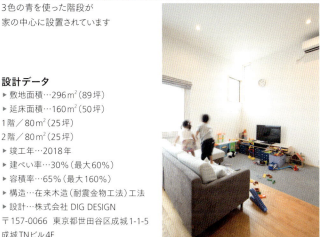

レベル差を活かした造付けのダイニングテーブル（以下すべて、撮影：澤﨑信孝）

# 代田の家

- 本体施工費……3,655万円
- 家族構成………［1階］夫婦＋猫
  ［2階］夫婦＋猫＋犬
- 所在地…………東京都世田谷区

## 数十年ぶりに暮らす兄弟2世帯は、よりシンプルな暮らしを希望

### 本当に必要なものを見つめなおす

東京世田谷の住宅街にあった一軒家は、老朽化のため建て替えを余儀なくされていました。60代の兄弟はともに子どもたちが独立し、より暮らしをシンプルにしたいと思っていたため、元々そこに住む弟夫婦が土地を提供し、数十年ぶりの兄弟2世帯住宅として計画されました。2世帯の夫婦はプライバシーを確保しつつ、適度な距離感でお互いの生活の息遣いが感じられる関係性を希望されました。

旗竿型、前面道路高低差約４ｍという敷地において、確保可能な建物ボリュームはとても小さなものでしたが、これを機に断捨離を行い本当に必要なものを見つめなおすよい機会になりました。

### 実際の広さ以上に広がりを感じられる空間

小さな家において閉塞感なく過ごせるよう、壁と窓のプロポーションを綿密に検討し、実際の広さ以上に広がりを感じられる空間となるように考えています。

1階は隣地からの視線を遮りつつも、通り庭の緑を楽しめるようあえて低く広い掃き出し窓としています。窓高さを抑えていても、収納壁以外の間仕切りを設けず、天井高さに変化をつけることで明るく開放的な空間ができています。

2階のスキップフロアの居間は朝日が差し込み、空を大きく切り取る出窓が特徴的です。屋外の階段や居間の段差など、バリアフリーの考え方とは真逆ですが、2階住人はその高さの変化を面白いと望んだので、楽しんで暮らせることが何よりも大事なのだと信じ、このような形としました。

右／高天井のあるLDK。
通り庭側の窓高さは1.5m
左／スキップフロアの2階LDKは
出窓が空を大きく切り取る

**設計データ**

▶ 敷地面積…117.84m$^2$(35.71坪)
▶ 延床面積…97.79m$^2$(29.63坪)
1階／44.61m$^2$(13.52坪)
2階／53.18m$^2$(16.11坪)
▶ 竣工年…2008年
▶ 用途地域…第一種低層住居専用地域
▶ 建ぺい率…45.1%(最大50%)
▶ 容積率…83.0%(最大150%)
▶ 構造…木造在来工法
▶ 設計・監理…合同会社あまね設計
〒101-0061 東京都千代田区神田
三崎町2-2-2 加藤ビル6F
TEL:03-3239-5659
FAX:050-3488-3712
URL:www.amane-llc.jp
E-mail:info@amane-llc.jp
▶ 構造設計…
尾崎設計室OZ.Architecture naked
▶ 施工…株式会社 鯰組

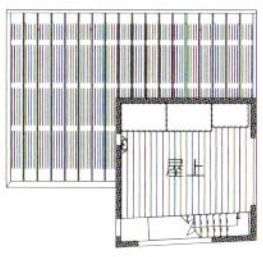


[屋上]

[2F]

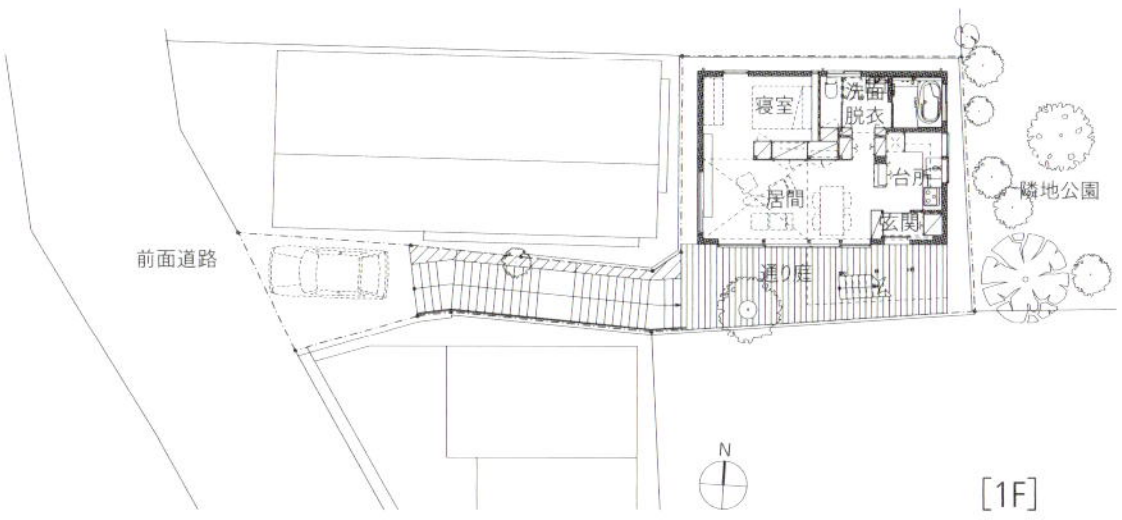


[1F]

右／パネル割付と開口部が、建物に陰影をつける
中／全面ウッドデッキの通り庭。シンボルツリーは姫沙羅
左／前面道路からの引き込み路地状階段。植込みは満天星つつじ

## その他の設計作品

**◎お産の森**
**いのちのもり**
木造の大きな家のような
産婦人科

**◎森を見る家**
借景を活かした
開放的なリビング

**◎広尾の家**
照明計画にこだわった
マンションリフォーム

## 建築家からのメッセージ

**下川太郎** シモカワ タロウ

**●合同会社あまね設計 共同代表**

一級建築士・福祉住環境コーディネーター。1978年東京都生まれ。2001年芝浦工業大学工学部建築工学科卒業後に渡仏。パリ・ベルヴィル建築大学を経てAteliers Lion Architectes Urbanistesにてチーフアーキテクトとして勤務。2008年に帰国し「代田の家」を手掛ける。2009年より藤木隆男建築研究所にて主任技師として勤務。2015年、あまね設計を共同設立。保育園を中心とした福祉施設と住宅設計を得意とする

### 家をつくりたい方へ

よい建築は、その中の生活をよりよいものとして包み込みます。そして利用者に愛されてよい歳の取り方をします。竣工時が最高の状態ではなく、建物がその風景に馴染み、その家族(利用者)に寄り添いながら一緒に歳を重ねることができる建築が幸せな建築だと私たちは考えています。建築設計は膨大な量の取捨選択を経ねばなりませんが、その作業をイベントとして楽しんでいただけるよう工夫することを第一に考えています。

### 家で一番好きな場所は?

ダイニングテーブルです。私は休日の料理が趣味です。新たな挑戦をした料理を食卓に並べ、家族に喜んでもらえることをこの上ない幸せだと感じます。忙しい毎日ですが、できるだけ家族が揃って食事の時間を持てるよう、残業・休日出勤を控えめにし、日々育児・家事に奔走しています。大きなテーブルに家族が集い食事をしたり、あるいは空いている席に各々が勉強や仕事を持ち込み、自然に会話が生まれるという風景が自分の理想とする家庭像です。

# 早津崎の家

case 15

▸家族構成……［親世帯］夫婦
［子世帯］夫婦＋子ども2人
▸所在地…………福岡県久留米市

## 内殻と外殻の2重構造は地域の人々の灯となる

### 長年住む土地での新たなスタイル

心地よい風が抜ける、水田に面する見通しの良い場所に敷地はあります。

長年住んでいるこの地域との関係性を持続させていくことと、生活スタイルの異なる親子2世帯が適度な距離を保ちつつ共に暮らし理想的な関係性を育んでいくことを希望されておられました。

### 地域の目印にもなる「2重構造」とは

敷地近くでは道路拡張計画が進められており、地域の人に愛されるだけではなく、ここを通り抜けるだけの人にも印象に残る地域のメルクマール（目印）となることを意識して計画しました。

印象的な外観は、内殻と外殻の2重構造になっており、夜には孔が光で満たされ、明かりの少ない地域に安堵感を与え、灯台のように地域の目印の役割を果たしています。また、大きな台風が発生する地域でもあり、外殻には防風ネットを設置することができるなど2重構造の形態は地域の風土から生まれたものでもあります。

内部は、みんなで過ごす「大きい空間」とプライベートな「小さな空間」がレベルを変えながらゆるやかにつながっています。ここに暮らす2家族は自由に空間を行き来し、生活スタイルを形成していきます。

未来の変化に対応できる自由度の高い内部空間と、過去の経験や地域環境から生まれた2重構造によって構成された本計画は、大切な未来の地域風景を守り、変化する暮らし方を創造することができる家として計画されました。

拡張計画の進む道路からの外観（以下☆を除いて、撮影：川村剛弘）

南側道路
からの外観

2階スキップフロア

東面夜景☆

1階リビンググルーム

2階テラスからの夕景

**設計データ**

- 敷地面積…330.61 $m^2$（99.81坪）
- 延床面積…198.49 $m^2$（59.92坪）
  1階／97.07 $m^2$（29.30坪）
  2階／101.42 $m^2$（30.62坪）
- 竣工年…2016年
- 用途地域…都市計画地域未線引き
- 建ぺい率…40.24%（最大80%）
- 容積率…60.03%（最大200%）
- 構造…木造在来工法
- 設計…鈴木淳史建築設計事務所

〒162-0838 東京都新宿区細工町1-16 村田ビル3F
TEL：03-6280-8500 FAX：03-3260-0314
URL：http://suzuki-arch.com
E-mail：atsufumi@suzuki-arch.com

- 構造設計…馬場貴志構造設計事務所
- 施工…のあ建築設計

## その他の設計作品

**◎関沢の共同住宅**
南側外観

**◎桜台の家**
2階テラスから見る夕景

**◎西大井の家**
前面道路からの外観

## 建築家からのメッセージ

**鈴木淳史**《スズキ アツフミ》

**●鈴木淳史建築設計事務所 代表**

1976年 東京都生まれ
1999年 東京理科大学理工学部建築学科卒
1999年 住友林業（株）勤務
2005年 岡松アトリエ勤務
2006年 鈴木淳史建築設計事務所設立
2010年 第31回 INAXデザインコンテスト「審査員特別賞」
2014年 住まいの環境デザイン・アワード「LiVES賞」
2016年 住まいの環境デザイン・アワード「優秀賞」

**家をつくりたい方へ**

家をつくることは庭先に草花を植える感覚と似ていると思います。
建て主の方に愛される家をつくるだけではなく、地域の人やそこを訪れる人にも愛される風景をつくる事が大切だと考えています。
家を通じた人や地域との関わり方も含めて、人それぞれが思い描く「私の家がある風景」を創造することを一緒に考えていけたら嬉しいです。

**好きなこと**

**建築巡り**／建築を体験することは何よりも刺激的なことです。
**美術館巡り**／作品を鑑賞することも大きな目的ですが、作品と一体となった美術館の空間に行くことはその時にしか体験できない貴重な時間です。
**音楽フェス**／毎年行かなければ夏が終わりません。
**LEGO**／子どもとのコミュニケーションツールです。
**雪**／しんしんと降る中に身を置くと心が落ち着きます。

M邸外観。傾斜地に建つ大屋根の木造住宅

# 小笠原の家×3

▸家族構成……夫婦＋子ども＋犬
▸所在地…………東京都小笠原村

## 3棟それぞれのスタイルで 自然と共生しながら島しょで暮らす

### シビアな環境を 有意義にするために

小笠原では、耐塩害や耐台風・防蟻に対してシビアな要望があり、これらに配慮すれば構造は何でも建築可能です。都会のような騒音や排気ガス臭はなく、波の音や鳥のさえずりとともに建物と庭や木々との関係を重視する家が多いです。日当たりが良いというのは逆にNGであったりもします。湿度が高いために壁は調湿性の高いものを選択します。分譲地であっても平坦な土地は少なく、高低差を利用し自然と調和する建築を要望されます。島にコンクリートプラントはありますが、鉄骨や木材、その他の建築資材は内地から船で運ばねばならず、資材の大きさ等を含むコストへの配慮が求められます。

### 人と人とのつながりで 建てる住宅

いくら頑丈な家をつくっても自然には勝てないということを念頭に置くことが重要で、災害時に最小限の被害で済むようなアイデアやメンテナンスしやすい工夫をデザインに変えます。それぞれの家が自然と共生するOnly Oneの家となり、みんな大事に住んでくれます。

小笠原は施工会社と協力し合わないと家は建ちません。設計者自らこういう家を建てたいという気持ちを伝え、彼らも巻き込み、メンテナンスも面倒みてもらうというのが常です。えっ！ できないの？ と笑いながらフォローすることもありますが、こんなことまでしてくれるの！ という島人の男気や温かみを感じるのが島建築の醍醐味です。

上／S邸外観。高台の平坦な部分に建てることを選択
中／S邸居間。自分たちの個性をそのままインテリアに
下／S邸。バルコニーからの景色は海と空

[配置図]

**設計データ**

- 敷地面積（$m^2$）…280.36／228.22／401.59（左からK邸／S邸／M邸（以下同））
- 延床面積（$m^2$）…222.27／103.82／86.12
- 竣工年…2015－16年
- 用途地域…区域区分非設定
- 建ぺい率（%）…37.79／25.40／23.10（最大70）
- 容積率（%）…79.28／45.49／21.44（最大200）
- 構造…RC+S造／S造／W造
- 設計・設備設計…

株式会社 田中俊行建築空間設計事務所
〒106-0031　東京都港区西麻布3-22-9
TEL：03-6438-9977　FAX：03-6438-9978
URL：http://www.ttaa.co.jp　E-mail：ttaa-info@ttaa.co.jp

- 構造設計…株式会社 造研設計
- 施工…株式会社 品川建設

上／K邸外観。高低差利用がそのまま意匠になる二世帯住宅
下／K邸内観。子供スペースは母親から目が届くように

右／M邸庭。庭と一体化した広いウッドデッキ
左／M邸内観。可能な限り天井を高くし採光を兼ねた換気窓

## その他の設計作品

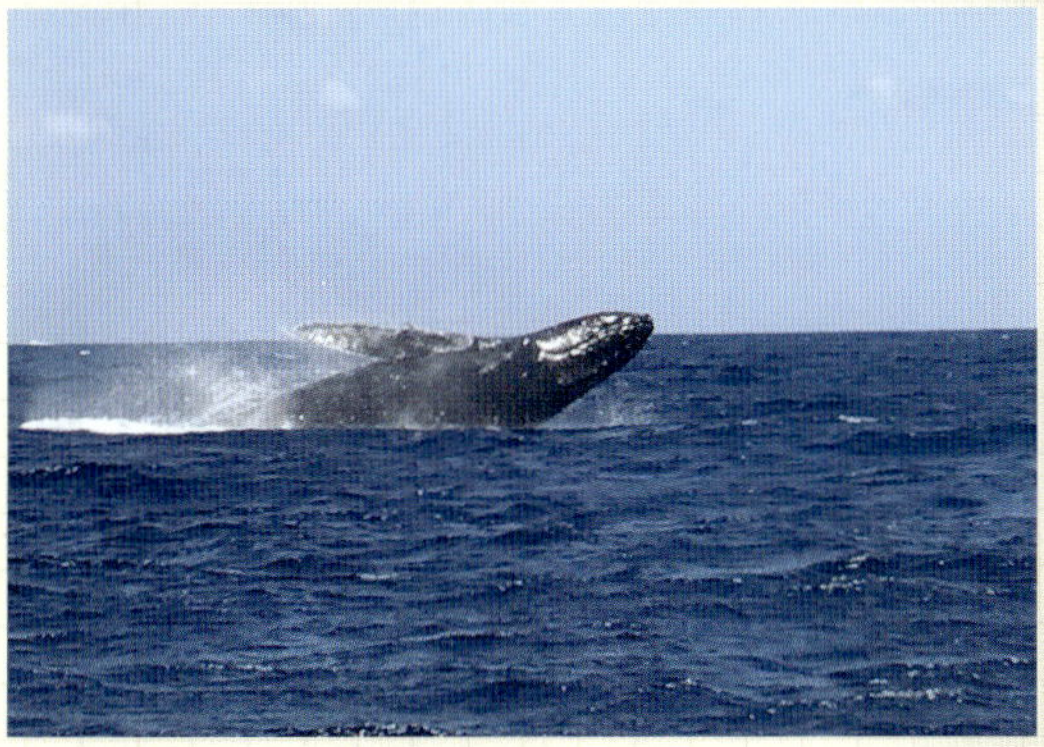

上／小笠原。海に行けばプライベートビーチ
下／クジラも人間を覗きにきます

## 建築家からのメッセージ

**田中俊行** タナカ トシユキ

**●田中俊行建築空間設計事務所 代表**

1972年埼玉県生まれ。W大学建築学科卒業後、独立したつもりが黒川紀章の弟子として約5年間の修行生活を強いられ、その後、現会社を設立し、愛犬と優秀なスタッフに支えてもらいながら狭小住宅から大豪邸、公共建築は$2m^2$～数万$m^2$まで、島しょも含め北海道から沖縄まで、どこでも何でも設計できる愉快な建築家になりました。

### 家をつくりたい方へ

島の人々と接していると「都会で働く人々にとって、家はストレスを取り除いてくれる空間でありたい」と感じます。その答えとなる家は千差万別で、身長や性格が異なるのと同様に、好みの椅子の高さやベッドの硬さは異なります。格好の良い大きな扉であっても軽量化できなければ開閉に苦労しますし、階段の上りやすい勾配は人によって異なります。その一つひとつにストレスがないような家をつくって欲しいです。

### 今、興味のあることは何ですか？

そろそろ好きな生き方をしても良いと思えるようになり、建築基準法に縛られることのない油絵を描く時間を確保し100号の大きなキャンバスとにらめっこ。車はジープと356を乗り分け、愛犬と海や山に遠出します。気に入った千葉の海に週末住宅を建てるはずが、都内の小さな土地に自邸を建築することになりました。昨年再会した高校までの後輩大工と一緒に半セルフビルドを実現したいのですが…悪戦苦闘中です。

自然な空気の流れを生む、二階LDKのねじれた天井
（以下すべて、撮影：矢野紀行／矢野紀行写真事務所）

# 窓縁の家

▶家族構成……夫婦
▶所在地…………神奈川県横浜市

## 周囲の視線や生活音が行き来する環境に快適なプライバシーを確保

### 「ここならでは」の眺望を取り込む

敷地は桜並木で有名な河沿いに位置する「旗竿状敷地」でした。

河沿いの前面道路に4ｍに満たない間口でのみ接道しているため、河や桜並木への眺望を「ここならでは」の暮らしにどのように取り込むことができるかを考えました。

四方をアパートや住宅に囲まれて、周囲の視線や生活音が互いに行き来する環境にあって、どのように暮らしの快適なプライバシーを確保するかも課題でした。

加えて、建築主ご夫妻からは、「足が弱いため、バリアフリーにしたい」。家族が戻ってきた際の居場所に「和室を構えたい」。長年この地で石材店として活躍されてきたので「既存の庭石を活かしたい」。「庭のお稲荷さんを大切にしたい」。などのご希望をいただきました。

### 適切な段差で日常の動作が楽に

「縁側」「庇」「簾」「通り庭」などの伝統的な空間言語を用いて暮らしを描き出す提案をしました。

日々の暮らしから「バリアをなくすこと」を建築的に解決しようと考え、床をフラットにする代わりに、生活動作に配慮した「座りやすい段差」（これを「窓縁」と呼んでいます）を家中に散りばめました。適切な段差があることでそこに腰掛けることができ、靴の履き替えなど日常の動作が楽になります。

LDKは、ねじれた天井が特徴的なワンルーム空間です。これは屋根上では雨を流し、室内では天井に沿って空気を流すことを考えた合理的なデザインです。

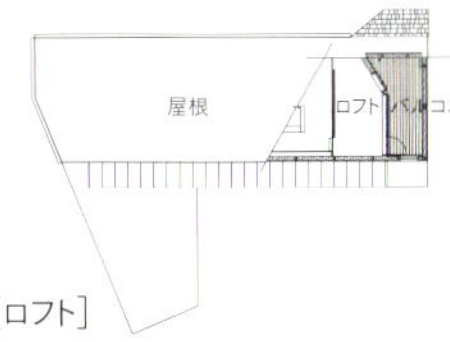


[ロフト]

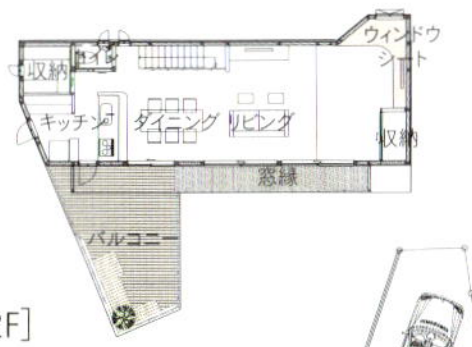


[2F]

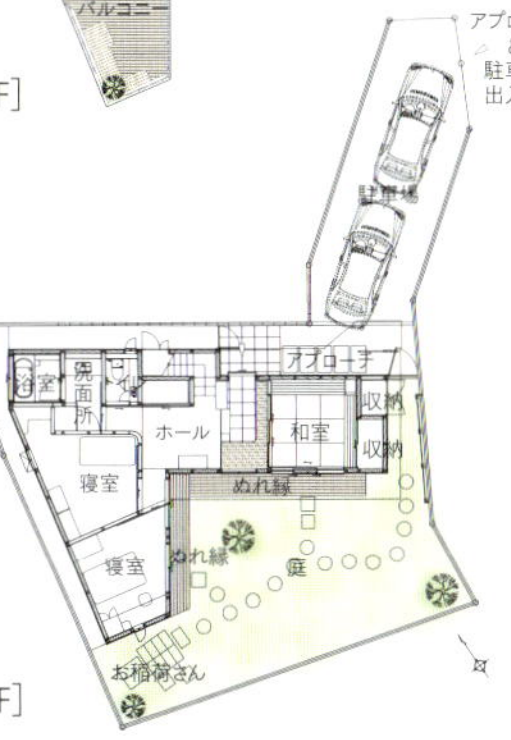


[1F]

**設計データ**
- 敷地面積…212.00m²(64.13坪)
- 延床面積…123.11m²(37.24坪)

1階/66.43m²(20.10坪)
2階/56.68m²(17.15坪)

- 竣工年…2011年
- 用途地域…第1種住居地域
- 建ぺい率…35.52%(最大60%)
- 容積率…58.07%(最大200%)
- 構造…在来木造軸組構法
- 設計・監理…

株式会社 アトリエハレトケ
一級建築士事務所
〒145-0062 東京都大田区
北千束3-13-14
TEL:03-6316-7227
FAX:03-6317-6480
URL:http://haretoke.co.jp
E-mail:info@haretoke.co.jp

- 構造設計…坪井宏嗣構造設計事務所
- 設備設計…館設備設計事務所
- 照明計画…シリウスライティングオフィス
- 施工…株式会社 青

右上/二階の小さな「窓縁」。河沿いの桜並木を望む暮らし
右下/庭を見下ろす「窓縁」が暮らしを広げ、プライバシーを守る
左/土間が入り込む「通り庭」としての玄関。「離れ」としての和室

右/一つ目の窓が来訪者を出迎えるアプローチ
左/「庇」「窓縁」に加え、広いバルコニーが
二階の暮らしと庭の距離を近づける

## その他の設計作品

**○繭の家**(塩尻)
風景が折り重なるワンルームの暮らし

**○白馬の大屋根**(白馬八方)
切り拓いた森から
生まれた山小屋

**○段床の家**(我孫子)
地形を写す折り畳まれた
立体的なワンルーム

## 建築家からのメッセージ

**長崎辰哉** ナガサキ タツヤ
**●アトリエハレトケ代表**
1971年横浜市生まれ。1990年栄光学園高等学校卒業。1996年東京大学工学部卒業。1998年東京大学大学院修了後、岡部憲明アーキテクチャーネットワーク、ミリグラムスタジオを経て、2009年アトリエハレトケ設立。2011年~東京電機大学・東京理科大学にて非常勤講師

**長崎由美** ナガサキ ユミ
1972年横浜市生まれ。1996年杏林大学社会科学部卒業。2003年桑沢デザイン研究所卒業。2010年~アトリエハレトケ

### 家をつくりたい方へ

建築を通じて人々に感動を与えていきたい。私たちはそう考えています。誰もが心地よい時間を過ごせる場所。自然のうつろいをさまざまに映し込む空間。使い込むことで美しさが深まっていく素材。美しい風景を切り取り、自らもまた美しい風景の一部となる建築。

そんな夢のある暮らしを私たちと楽しみながら実現させていきませんか。さぁ一緒に始めましょう。

### 今、興味のあることは何ですか?

「建物」と「暮らし」を生き生きと結び付けることに興味があります。「建物」とは、蓄積されてきた「工学」であり「技術」です。「暮らし」とは、先達より連綿と継承されてきた「知恵」であり「芸術」です。「技術」とは「つくること」、「芸術」とは「生きること」。

この「つくること」と「生きること」の豊かな関係性を新しい「建築」を生み出すことで描き出したい。そんな風に考えています。

**こだわりを生かす**
**新興住宅地での家づくり**

土地区画整理事業区域の一角で新興住宅地のため、隣家が少なく周辺からの視線を遮るものがない敷地でした。そのために道行く人はおろか、通り一本先の家々からも敷地に視線が届く状況でしたので、プライバシーの確保を必要としていました。また住居部分では開放的で個室で区切りがなく、こだわりの家具や照明器具が映える家にしたい。人を招き入れる玄関は内開きとして、まだ小さな子どもに目が行き届き家族の気配を感じられる、明るく風通しの良い家にしたいとのご要望でした。

**あえて決めないことで**
**居場所が生まれる**

プライバシーを確保し開放感のある住宅とするため、建物の道路に対する角度を検討し、おおよそ45度の角度をつけ、室内をスキップフロアとし周辺住宅のフロアレベルと変化させることで道行く人や周辺住宅との視線の交差を避ける計画としました。吹き抜けを軸としたスキップフロアはどの部屋にいても家族の気配が感じられます。プランは寝室のみ個室のワンルームプランとしていますが、それは単に将来の可変性を考慮しただけではなく、部屋と部屋の合間や階段の一角、玄関の一部でさえも、建て主がご自身のセンスで〝居場所〟を見つけられるように設計段階でつくりこまない意図があります。「余白」を随所に散りばめて、家族とともに家も成長していくように計画しました。

# 余白をつくり、居場所を見つける
# それはスタイルの変化を楽しむ住居

case 18

## ヨハクノイエ

- 本体施工費 ····· 2,500万円
- 家族構成 ········ 夫婦＋子ども1人
- 所在地 ··········· 埼玉県北本市

スキップフロアは穏やかに家族をつなぎます（以下すべて、撮影：アトリエあふろ）

ウッドデッキもスキップフロア。
腰かけたり、寄り掛かったり
過ごし方はさまざま

上右／開放感いっぱいの吹き抜けが生活の中心
上左／明るい階段が居場所に。家族の気配もしっかり感じます
下右／友人を招き入れる内開き玄関ドアとフリースペースの玄関
下中／家族の自遊空間。お店のような雰囲気は生活にメリハリを生みます
下左／収納が楽しくなるウォークインクロゼット

**設計データ**

- ▶敷地面積…168.87$m^2$（51.08坪）
- ▶延床面積…104.89$m^2$（31.72坪）
  1階／55.21$m^2$（16.70坪）
  2階／49.68$m^2$（15.02坪）
- ▶竣工年…2018年
- ▶用途地域…第一種低層住居専用地域
- ▶建ぺい率…35.31%（最大60%）
- ▶容積率…62.12%（最大80%）
- ▶構造…木造軸組工法
- ▶設計…株式会社 中山秀樹建築デザイン事務所
  〒177-0035 東京都練馬区南田中4-12-15
  TEL：03-6431-8100　FAX：03-6431-8161
  URL：https://nhaads.com
  E-mail：nhaads@vega.ocn.ne.jp
- ▶施工…有限会社 滝修工務店

## その他の設計作品

**◎工事費確定型のローコスト住宅**

シロツメグサノイエ プロジェクト／一例：25坪 工事費、設計監理費含めて1597万円（税別）／無垢フローリング、屋上が標準仕様／FLAT35対応

## 建築家からのメッセージ

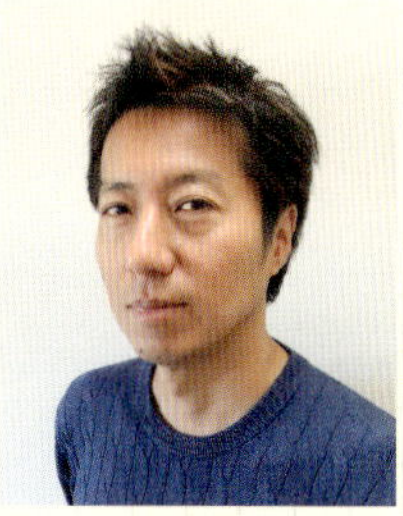

**中山秀樹** ナカヤマ ヒデキ

**●中山秀樹建築デザイン事務所代表**

1973年福島県生まれ。1995年専門学校インテリアセンタースクール（現ICSカレッジオブアーツ）インテリアデザイン科卒業。ディスプレイデザイン事務所、建設会社設計部を経て2003年宮崎均・REP研究所へ入所。前橋工科大学教授である宮崎均氏に師事し、住宅、共同住宅、テナントビル等の設計監理をトータルに担当する。2007年より同事務所の主任を務める。2008年（株）中山秀樹建築デザイン事務所設立

**家をつくりたい方へ**

情報が入手しやすい現代において固定観念にとらわれず、自分らしい家づくりを求める方々が増えて参りました。そんな皆様のセンスを大切にかつ丁寧に設計に反映させることをモットーに活動しています。また、断熱性や耐震性を向上させ資産価値を高める設計を心がけております。

**趣味は何ですか？**

8歳の息子と5歳の娘と一緒に過ごす時間です。特に夕食はほぼ毎日一緒に食事をしています。その日学校や幼稚園であった出来事を聞きながらの食事は飽きることがありません。また、職業柄休日に仕事が入ることがあり、一緒にいれないこともしばしば。そのため夕食後のちょっとした散歩や寝る前の読み聞かせなど、できるかぎり一緒の時間をつくりたいと思っています。

南側の庭に面したおおらかなLDK。ワンルーム空間ながら各コーナーの居場所感にこだわった設え☆
（撮影：Brian Sawazaki Photography ／澤崎信孝（☆）、URBAN ARTS ／解良信介（★）、山田耕司（特記なし））

# キナリの家

▸ 家族構成……… 夫婦＋子ども2人
▸ 所在地………… 神奈川県大磯町

## 暮らしながら手を加え、経年変化も楽しめるおおらかな住空間

### 四季折々の季節感を感じられるように

建築主は、出産を機に自然豊かな環境で子育てをしたいと、都内から神奈川県大磯町への移住を決意されました。

敷地は、北側にキャベツ畑と畑越しに東海道線が見える、長閑な環境に位置します。また、南側の前面道路は、3軒先で行き止まりの、ご近所さんしか通らないヒューマンスケールを感じられる道路。

お子さんを自由に遊ばせることのできるおおらかな住空間、長閑な周辺環境や四季折々の季節感を感じられるような家を、また、暮らしながら手を加えていけて経年変化も楽しんでいけるような、シンプルながら愛着を持てる家を望まれました。

### すみずみまで自然光が射し込む

「夏休み午後の縁側での昼寝」をイメージし、おおらかな周辺環境と光・風を満喫する設えとしました。約47坪の整形敷地に、すみずみまで自然光が射し込む東西に細長い建物を北側へ寄せて配置し、南側に冬の北風から守られた快適な庭を確保。

南側の6mの大窓を開放すると、リビング、縁側、庭が一体となった子どもの遊び場が出現…竣工半年後の再会では、子どもはまるで野生児に！

建物の外観は、切妻屋根を建物の軸に対してひねった形状とし、北側の畑越しの視線に対して、ユーモラスな印象を与えるオブジェ的な形態として、遠目でも我が家とわかるキャラクターを付与しようとしました。

南側の雑木林をイメージした庭に面して、
幅6mの大窓が印象的な建物ファサード☆

右上／玄関とLDKをゆるやかに区切るオブジェのようならせん階段★
右下／大開口越しにLDKとひと続きの縁側と庭。裸足で行ったり来たり☆
左上／2階の子供スペース。ホールと勉強スペース、室内物干しを兼ねた空間★
左下／2階の主寝室。WICと天井がひとつながりの切妻天井の空間☆

**設計データ**

- 敷地面積…155.31m²(46.98坪)
- 延床面積…89.72m²(27.14坪)
  1階／44.86m²(13.57坪)
  2階／44.86m²(13.57坪)
- 竣工年…2010年
- 用途地域…法22条地域
- 建ぺい率…28.88%(最大50%)
- 容積率…57.76%(最大100%)
- 構造…木造
- 設計・監理…

アトリエハコ建築設計事務所
〒135-0047 東京都江東区富岡
1-1-18富岡ビル
TEL:03-5942-6037
FAX:03-5942-6038
URL:http://www.hako-arch.com
E-mail:info@hako-arch.com

- 構造設計…平岡建築構造研究所

[2F]

[1F]

## その他の設計作品

**◎南烏山の二世帯住宅**
キャンチレバーにより、前面道路からの緩衝空間・プライバシーを確保★

**◎オシアゲマンションリノベーション**
キッチンとダイニングテーブルが一体となったパーティ仕様のLDK

**◎パークサイド・スキニーハウス**
隣接する公園を我が家の庭と見立てた見晴台のような窓辺☆

## 建築家からのメッセージ

**七島幸之** ナナシマ ユキノブ
**●アトリエハコ建築設計事務所 代表**
1970年 福岡県生まれ
1994年 九州芸術工科大学環境設計学科卒業
1996年 九州芸術工科大学大学院生活環境専攻修士課程修了
1996年 古市徹雄都市建築研究所
2006年 アトリエハコ建築設計事務所設立

**佐野友美** サノ トモミ
**●アトリエハコ建築設計事務所 代表**
1975年 静岡県生まれ
1998年 日本大学生産工学部建築工学科卒業
1998年 古市徹雄都市建築研究所
2006年 アトリエハコ建築設計事務所設立

### 家をつくりたい方へ

限られた土地や環境を、開放的でゆたかな空間に仕立てる技を得意としています。詩的にシンプルな、それでいてユーモラスな建築。要素をそぎ落とすのではなく、生活のための設えがさりげない在り方で生活を彩るシンプルな家。姿カタチや空間の佇まいに住まい手の個性が垣間見えるような、唯一無二の「生活の容器」を追求しています。

### 家で一番好きな場所は?

築40数年のペンシルビルをリノベーションして、自宅兼事務所としています。桜並木に面した川沿いの場所にあり、花見や新緑BBQなど四季折々を楽しんでいます。

吹き抜けの壁いっぱいに本棚を設えた1階の事務所スペース、川を見下ろしながらまるで桜の樹上に住んでいるかのように感じられる3階のリビングスペースが特に気に入っています。

南庭からの外観夕景（以下すべて、撮影：小川重雄）

# 高尾の家

- 本体施工費……4,040万円
- 家族構成………夫婦＋子ども2人
- 所在地…………東京都八王子市

## 高尾の山並みに溶け込む、<br>平屋型の住まい

### 風景をかたちにした私の家

幼少の頃、のどかな多摩の田園風景の中を駆け回り育った私は、家族との日々の生活も、そのような環境が理想でした。自然を感じられ平面的に広がる住まいをイメージし、土地探しが始まったのは、何年も前になります。

敷地は高尾山から流れる清流の山肌にあり、川に沿って続く道路からの敷地延長の土地です。階段を30段ほど上がって広がり、南に高尾の山並みが望め、北に地域の守り神を祀る神社と竹林が続きます。このロケーションに、どのようにして建物をなじませるかをテーマに設計に取りかかりました。

平面は、北側の一部分が調整区域となる敷地形状から建物をくの字に曲げ、その重心にリビングを配置し、ダイニング、キッチン、各個室の構成を広げていきました。

屋根を含めた断面計画は、南傾斜の地形に合わせた勾配用いて、LVL材の垂木をインテリアとし平面を覆い、連続する天井面に対して床面に段差を設けて空間の区切り、住まいとしての心地良さを感じるようにしました。

また、この家は下からの見上げるアプローチとなるため、屋根の軒先や軒天の納まりには、充分な配慮を試みました。

外壁の板貼りが自然な表情へと変わり、庭木が大地に根を張り濃い緑となる時間を、この家で家族との生活をゆっくりと楽しめたらと思います。

右／連続する垂木天井
左／レベル差での
空間の区切り

右／北庭からの外観夕景
左2点／南庭からの外観

**設計データ**

- 敷地面積…353.22 m²（106.84坪）
- 延床面積…136.11 m²（41.17坪）
1階／111.97 m²（33.87坪）
2階／24.14 m²（7.30坪）
- 竣工年…2014年
- 用途地域…第一種低層住居専用地域
- 建ぺい率…33.08％（最大40％）
- 容積率…38.52％（最大80％）
- 構造…木造在来工法
- 設計…望月建築アトリエ
〒151-0053
東京都渋谷区代々木2-23-1
ニューステイトメナー 1248号室
TEL：03-3372-8998
FAX：03-3372-8067
URL：http://mochizuki-a.com
E-mail：info@mochizuki-a.com
- 施工…有限会社 西本工務店

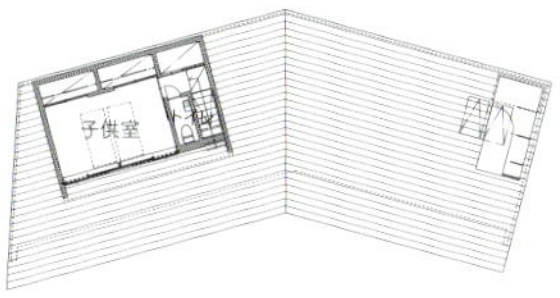


［2F］

［1F］

## その他の設計作品

**越谷の家**／2017

**マンション
リノベーション**／2016

**店舗**（薬局）／2016

## 建築家からのメッセージ

**望月 新** モチヅキ アラタ

**●望月建築アトリエ代表**

1973年 東京都八王子市生まれ
1997年 東京工芸大学建築学科卒業
1997年 シグマシステム建築事務所入所
1999年 APD建築事務所入所
2001年 望月大介建築アトリエに参加
2008年 望月建築アトリエ 代表へ

**家をつくりたい方へ**

快適で機能的な住まいであり、かつ美しい建築デザインを心がけております。

住まい手にとって、生活に「楽しさ」や「ゆとり」を感じられる、おおらかな住まいを設計していきたいと考えております。

クライアントの対話を重ね、一つ一つの仕事を丁寧に取り組みます。


**趣味は何ですか？**


趣味は、沖釣りとカメラです。家族ではハイキングやキャンプ、カヤックに行きます。休日は、自宅から歩いて行ける高尾山で、身近なアウトドアも楽しんでおります。最近、自宅で家庭菜園を始め、野菜づくりを勉強中です。

自然の中で過ごすことが好きで、自分自身も何事も自然体で、素直な気持ちで取り組むように心がけております。

case 21

# 福の家

## 昔ながらの景観の中、幸福が佇む終の住処

書斎からエントランス,ダイニングを見る。左手の木目の壁が大黒壁（以下すべて、撮影：長岡写真事務所）

▶家族構成……夫婦

▶所在地…………和歌山県西牟婁郡

### 老後の生活を豊かにする平屋の家

敷地は、地方の田んぼに囲まれた静かなエリアに位置しています。人口の増加に伴い、徐々に宅地化されつつある地方の田畑。敷地はそういった田んぼを埋め立て、造成した土地です。ポツポツと家が増えつつあるとはいえ、いまだ地方特有の面影を残すこの土地で、リタイア後の夫婦の終の住処として本設計はスタートしました。クライアントからの要望は、安心して楽しく暮らせる家、大黒柱のある家、平屋の家という3点でした。

### 「開け閉め」にて変化する空間を楽しむ

来客の多いクライアントが日々の暮らしを楽しめるよう、壁や間仕切りの構成により可変する空間を考えました。

具体的には、単調になりがちな平屋の空間を、家の中心の棟を支える木目の壁＝大黒壁で、梁の見える天井の高いパブリックエリア（東側）と天井高さを抑えたプライベートエリア（西側）の2つに分節し、さらにそれぞれのエリアを4つずつの居室に分けています。

パブリックエリア同士の居室は大型の引戸でつながり、その開け閉めで空間の性格を変えることができます。また、パブリッククエリアとプライベートエリアは気配を通す障子により緩やかに空間を分けています。来客時には、寝室を閉じてエントランスと書斎をつなげたり、ダイニングと和室、予備室をつなげて使用することも可能です。それぞれの建具の開け閉めでいろいろなシーンが生まれる空間が実現しました。

ガルバリウム鋼板でくるまれた屋根と外壁

**設計データ**

- 敷地面積…584.10$m^2$(176.69坪)
- 延床面積…116.26$m^2$(35.16坪)
- 竣工年…2014年
- 建ぺい率…19.90%(最大60%)
- 容積率…17.34%(最大160%)
- 構造…木造、一部鉄骨造
- 設計…モリリエ ケンチク&デザイン

〒153-0062
東京都目黒区三田2-9-9-302
TEL:03-6452-4461
FAX:03-6452-4471
URL:www.moririe.com
E-mail:info@moririe.com

- 構造設計…樅建築事務所
- 施工…株式会社 後工務店

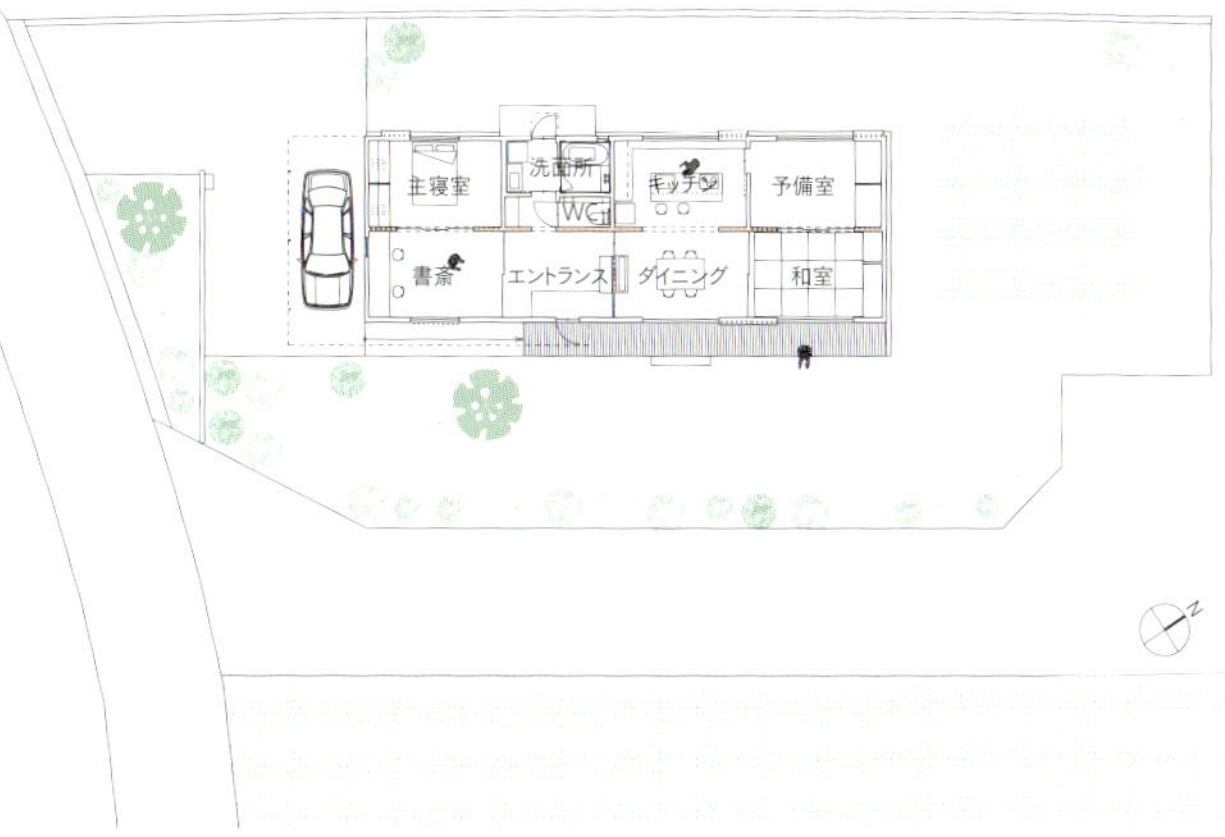

上右／書斎は、大黒壁に設けられた気配を通す障子により、緩やかに主寝室と間仕切られる
上左／大黒壁ごしにエントランスを見る
下／ダイニングからキッチン、和室、予備室を見る

## その他の設計作品

**○&AND HOSTEL AKIHABARA**
(共同設計:渡辺淳一建築設計事務所)
ドミトリー用ベッド

**○mokede**
アクセサリー

**○横浜国立大学大学院 Y-GSA**
ベンチと可動式テーブル

## 建築家からのメッセージ

**森 理恵** モリリエ
**●モリリエ ケンチク&デザイン 代表**
1975年 東京都生まれ
1997年 日本女子大学卒業
1999年 横浜国立大学大学院修了
1999年 (株)渡辺明設計事務所入社
2003年 モリリエ アーキテクト&デザイン設立
2009年 モリリエ ケンチク&デザインに改称
2010–12年 横浜国立大学大学院Y-GSA設計助手

### 家をつくりたい方へ

「家」は住む場所であり、生活の中心であり、自分のアイデンティティを確立する場でもあります。だからこそ大切な時間を過ごす中で、たくさんのきっかけを生み出すモノであってほしいと思っています。

新しい趣味や、人との出会い。それに加え時間の流れや光の陰影、心地よいと感じる手触りに音。そんな楽しい時間を過ごせるちょっとしたきっかけを、家づくりを通してご提供したいと考えています。

### 今、興味のあることは何ですか?

「敷居が高く思われがちな建築をもっと身近なものにしたい」という想いから、「mokede」(モケデ)というブランドで、プロダクト(アクセサリーやテキスタイルなど)も手がけています。大きなスケールに対する、小さなスケール。身につけているモノが気づいたら建物やまちとリンクしている。そんな建築と私たちの間を横断するようなデザインを、建築とともにお届けしていきたいと思っています。

コンクリート打ち放しと木造からなる混構造の外観

# S邸

- 家族構成……夫婦＋子ども
- 所在地…………千葉県船橋市

## バウビオロギーにて実現したのは趣味に没頭できる安全な空間

### 特化した要望と安全な空間の両立

建て主からガレージでは車いじりを楽しめるようにリフトや棚、フックなどを設けて実用的な空間に、また書斎は図書館のように静かな中にも重厚な雰囲気のある空間にしたいとのご要望がありました。

自然災害や火災などに強い住宅、かつ自然素材や健康に配慮した安全な住まいになるように設計して欲しいとのご要望もあり、この条件をどうやってクリアしていくか、設計でのポイントになりました。

### 混構造により実現した希望的空間

1階は大きな窓とキッチンが一体となった開放的なリビング空間、趣味を楽しむガレージ空間で構成し、2階は寝室や子ども部屋、和室などを設けくつろぎの場としました。これらの構成は柱が不要な壁式鉄筋コンクリート造で1階をつくり、その上に平屋の木造住宅を乗せる混構造で設計することで解決しています。

また内装の仕上げは木や自然成分の塗装などを使用したり、南に大きな窓を設けてたくさんの光と風を取り込み、北側の窓から風が通り抜けるよう、扉の上に風通し用の小窓を設けたり、さまざまな工夫をし、健康で安全な住環境をつくりました。

上／広い木デッキのバルコニーにつながる子ども室
中／南の庭絵と続く浴室と一体的な洗面スペース
下／カーライフを楽しむガレージ空間

**設計データ**

- 敷地面積…402.05m²（121.75坪）
- 延床面積…275.67m²（83.39坪）
1階／186.24m²（56.33坪）
2階／89.43m²（27.05坪）
- 竣工年…2008年
- 用途地域…第一種中高層住居専用地域
- 建ぺい率…46.32%（最大60%）
- 容積率…54.85%（最大200%）
- 構造…壁式鉄筋コンクリート造（1階）・
木造在来工法（2階）
- 設計…株式会社 モリモトアトリエ
〒165-0026東京都中野区新井5-5-10-802
TEL：03-6802-5041　FAX：03-6802-5042
URL：http//:momoat.com
E-mail：momoat@nifty.com
- 構造設計…株式会社 平岡建築構造研究所
- 設備設計…平本設備コンサルタント
- 施工…株式会社 岩本組

右上／南に大きな窓を設けて開放的なリビング。
鉄筋コンクリート造だからつくれる空間です
右下／奥様の調理をサポートできるよう
機器の配置や高さ、動線を設計したキッチン
左／書斎は壁全体を書棚とし、
中央のトップライトから光を取り入れています

## その他の設計作品

**○いわき育英舎**
子どもの生活する施設
を木造で設計

**○I邸**
都内の木造3階建て住宅

## 建築家からのメッセージ

**森本伸輝** モリモト ノブキ

**●モリモトアトリエ代表**

20代は建築家に師事し、住み込みで建築を学んでいた時期もあります。ハイグレードな建築や卵のカタチ、山のカタチをした建築にも携わり、設計の楽しさや技術を学びました。
また健康で安全な住環境を設計するため、バウビオロギー（建築生物・生態学）を習得し、設計に取り入れています。

**家をつくりたい方へ**

その家族のための1つしかない楽しい家をつくるお手伝いをさせていただきたいと思っています。バウビオローゲとしてその土地にあった健康で安全な住まいをご提案しています。また、自然素材や最新設備を適材適所に使用し現実的なコストの住宅からそうでないものまで垣根はありません。

**今、興味のあることは何ですか？**

最近、境内や路地裏など身近にある場所に興味があります。日常は静かで緑豊かな境内が、お祭りの時は屋台が並び、音や人込みで賑わいの場所となる、普段ぶらぶら歩いている路地裏で出会う植木や木の塀の風景も、お天気や気分で見え方や感じ方が異なり、たくさんの刺激をもらえる。そんな普通の出来事を楽しめる要素を住宅の設計にもうまく取り入れられると、楽しい家になるのではないかと興味をひかれます。

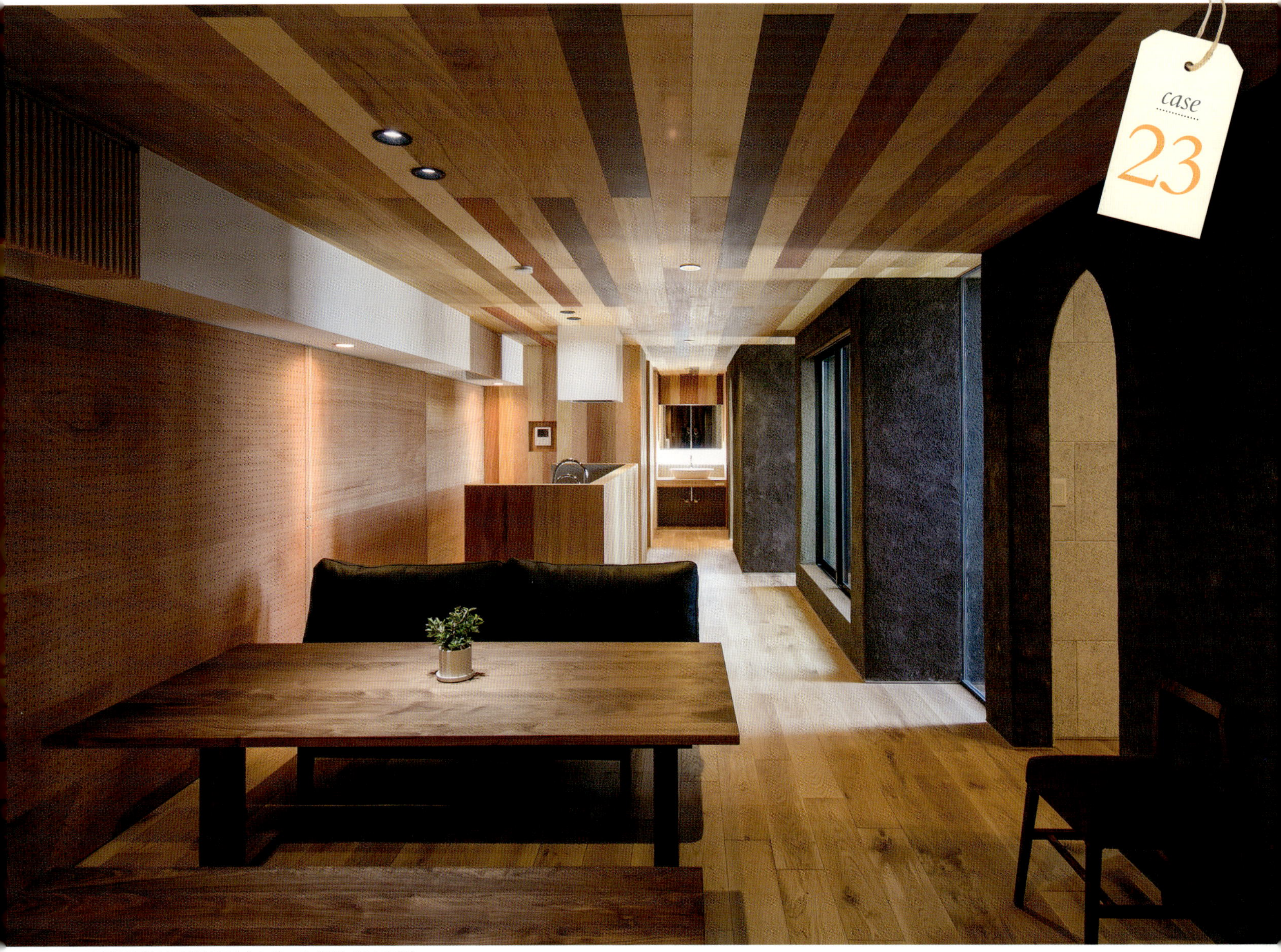


2階個室群とLDK（以下☆をのぞいて、撮影：堀内広治）

# 四塔七巣
## 4 towers 7 nests

- 家族構成……夫婦＋子ども1人
- 所在地…………愛知県知立市

## 周囲からの騒音は遮りつつ、光や風や景色を適度に取り込む

### 駅近の美容室併設住宅

最寄り駅より徒歩1分の敷地に建つ、美容室を併設した住宅です。

美容室のオーナーでもある建築主ご夫妻からは、「駅近で人通りも多いので、プライバシーを確保してほしい」、「家族が集う共有スペースとともに、各人が籠れる個のスペースも大切にしたい」、「映画、音楽の鑑賞や楽器の練習ができる防音性能のある趣味室がほしい」、「一目では美容室だと分からない、顧客のみぞ知る、隠れ家のような店舗としたい」、「お客様の移動が最小限で済むよう、カットとシャンプーとを同じ椅子で行いたい」このような要望がありました。

### ランドマークとしても機能する4本の塔

検討を重ねた結果、住居の各個室や美容室の個室型カット室など、巣穴のような7つの「個の空間」を内包する4本の塔を前面道路沿いに並べ、リビングや待合いなどの「共有空間」をその背後に配置するプランを提案しました。

昔からこの地で多用されてきた地産の砂利を混ぜたオリジナルの左官材で仕上げた4本の塔は、周囲の建物とは異なる時を醸すその重厚な外皮により内部の「個の空間」には静をもたらし、自身が砦となることで背後に拡がる「共有空間」には適度なブラインド効果をもたらします。

周囲からの視線や騒音を遮りつつ、隙間からは光や風や景色を適度に取り込む列塔の外観は、店舗の看板を兼ね、ランドマークとしても機能します。

右／塔の隙間より光が差し込む1階美容室☆
左／塔内部の個室型カット室

上／量感ある4本の塔が並ぶ外観
下／塔をくり抜いた2階テラス

**設計データ**

- 敷地面積…135.20$m^2$（40.89坪）
- 延床面積…162.31$m^2$（49.09坪）
1階／82.17$m^2$（24.85坪）
2階／80.14$m^2$（24.24坪）
- 竣工年…2017年
- 用途地域…商業地域
- 建ぺい率…66.30％（最大90％）
- 容積率…120.05％（最大300％）
- 構造…木造在来工法
- 設計・監理…一級建築士事務所group-scoop

〒106-0047 東京都港区南麻布3-4-8-B1F
TEL：03-3445-1500　FAX：03-3445-1528
URL：http://www.group-scoop.com
E-mail：info@group-scoop.com

- 構造設計…間藤構造設計事務所
- 施工…共和建設工業 株式会社

## その他の設計作品

**◯まんなか**
上右／緑豊かな庭に面した縁側玄関
上左／明るい真ん中（撮影：堀内広治）
下／土間と繋がる室内（撮影：堀内広治）

## 建築家からのメッセージ

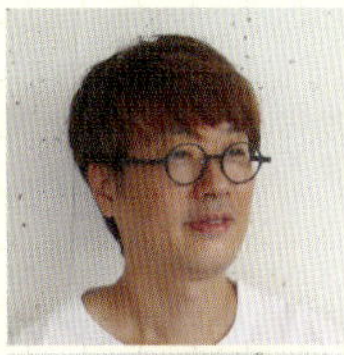

**安河内 健司**《ヤスコウチ ケンジ》
●group-scoop代表
1973年　福岡県生まれ
1997年　多摩美術大学建築科卒業
1997年　袴田喜夫建築設計室
1999年　多摩美術大学環境デザイン学科研究室
2006年　group-scoop開設

**西岡久実**《ニシオカ クミ》
1969年　神奈川県生まれ
1996年　多摩美術大学大学院美術研究科修了
2010年　group-scoop参画

**家をつくりたい方へ**

緑が映える家、時を感じる家、素材の質量を感じられる家が好きです。そんな家を考えるとき、最近とりわけ意識していることは、“素直さ”と“潔さ”です。敷地の与条件や建築主の要望をできる限り素直に吸収し、できる限り余計な脚色を加えずに素直に読み解き、潔く出力したいと思っています。そうして生まれる素直で潔い家こそ、風通しよく、心地よく、おおらかです。

**今、興味のあることは何ですか？**

少し先のことですが、大型犬との同居を考えています。犬種はかなり絞られてきましたが、まだまだ迷い中です。ちなみに、名前はすでに決まっています。事務所で、家で、存在感ある彼（彼女）とずっと一緒の生活、今からとても楽しみです。

case 24

# 篠原町の家

## 家族を包むやさしい光が溢れる空間

玄関ホールからリビングを見る（以下すべて、撮影：繁田諭）

- 本体施工費……3,300万円
- 家族構成……夫婦＋犬+猫
- 所在地…………神奈川県横浜市

### 土地探しから暮らしの提案まで一緒に

敷地は新横浜駅に程近い、新しく開発された分譲住宅地です。この住宅の場合、土地購入を決めるところからお付き合いできたのがよかったと思います。いくつか選択可能であった区画から本敷地を建築主に薦めました。前面道路から2m程高くなった反対側の隣地（道路上空地）からの採光が望めるからですが、その時、私の頭の中では、庭となる外部空間の配置を思い描いていました。家族構成は、共働きの夫婦とペットの犬と猫です。ご主人は外資系の企業にお勤めで夜間海外とやりとりされることもあり、どんな時間帯でも夫婦がそれぞれ気持ちよく過ごせる空間が必要でした。

### 生活環境を日夜問わず保つために

この住宅に限りませんが、光と熱の環境にこだわって設計を進めました。まず、穏やかな自然光が入ること、移動する空間の先に光があるようなプラン構成と開口部のあり方を意識しました。

敷地には多少の高低差があり、内部空間の中でその高低差を解消するためにスキップフロアのプランを採用していますが、そのことによって全ての空間がひとつながりに流れるようになっています。そして、ひとつながりになった室内全体を温められるように、一階の床全面に基礎蓄熱輻射暖房を入れ、24時間全館空調の家としました。夫婦が不在の時、家の中はペットだけになりますが、このシステムの恩恵を一番受けているのは、彼らかもしれません。

上／キッチンからダイニングを望む
下／スキップフロアの階段スペース

**設計データ**
- 敷地面積…127.46m²（38.56坪）
- 延床面積…88.27m²（26.70坪）
1階／48.56m²（14.68坪）
2階／39.71m²（12.01坪）
- 竣工年…2018年
- 用途地域…第一種低層住居専用地域
- 建ぺい率…45.23%（最大50%）
- 容積率…69.26%（最大80%）
- 構造…木造在来工法
- 設計…ヤマサキアトリエ一級建築士事務所
〒130-0025 東京都墨田区千歳2-6-9
イマケンビル301
TEL：090-1208-4231
URL：http://atelier-yamasaki.com
E-mail：info@atelier-yamasaki.com
- 構造設計…小山直丈構造設計事務所
- 施工…株式会社 栄港建設

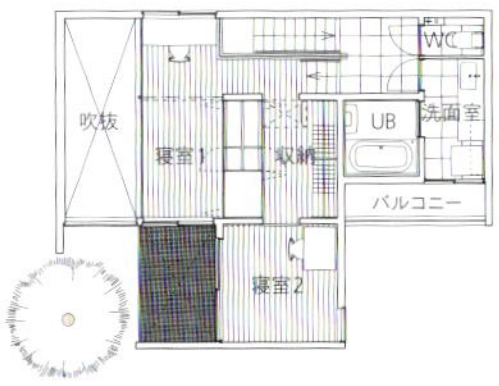

[2F]

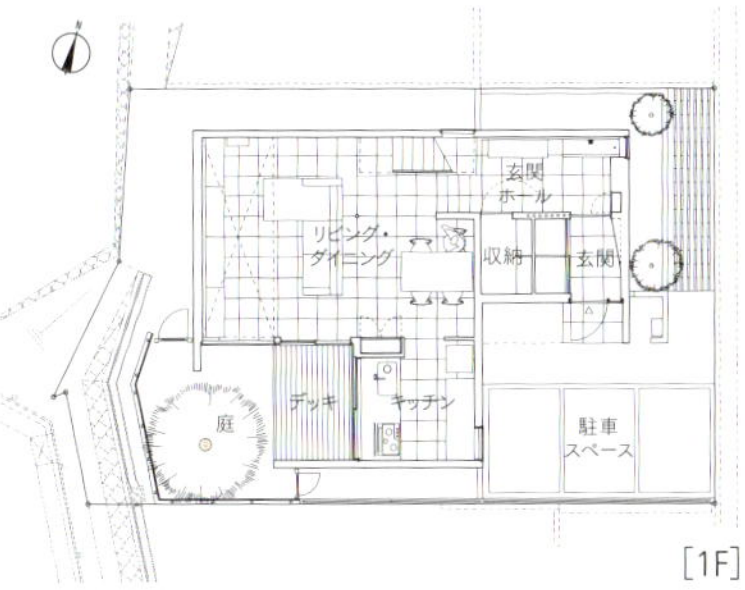

[1F]

上／吹き抜けのあるリビング。光が白い大きな壁面に反射して入り込む
下／リビング・ダイニングの全景

黒いガルバリウム鋼板張りの外観

## その他の設計作品

**◎鶴見M邸**（2011）
木造3階建の狭小住宅

**◎蕨の住宅群**（2016）
戸建の賃貸住宅

**◎イマケンビル**（2017）
設計を手がけた
リノベーションビルにある
職場風景

## 建築家からのメッセージ

**山﨑裕史** ヤマサキ ヒロシ
**●ヤマサキアトリエ代表**

1970年　滋賀県生まれ
1996年　京都工芸繊維大学大学院修士課程修了
1996年　ジョン・ポーソン・オフィス（ロンドン）勤務
2001年　ヤマサキアトリエ一級建築士事務所設立

### 家をつくりたい方へ

おおらかな家をつくりたいといつも思っています。

住む人に寄り添い、安らぎが感じられる住まい。シンプルで機能的な空間の中に住む人らしさが現れてくるといいなと考えながら設計しています。予算を問わず、光や素材感を意識してデザインします。土地の購入からお世話いたしますので、どのような段階からでもお気軽にご相談ください。

### 趣味は何ですか?

4年程前から民間農園の1区画を借りて野菜づくりをしています。週末や空いた時間ができると畑に行って汗をかく。土を触っていると不思議と心が落ち着きます。無農薬、有機栽培で作る野菜は、手間がかかりますが、味が濃くて本当に美味しいです。虫に食べられたり、台風で枝が折れちゃったり、心も折れることがありますが、それも含めて楽しんでいます。

case 25

3方向へ開くLDK（以下すべて、撮影：吉村昌也）

# 中丸子の家

▶家族構成……夫婦＋子ども2人
▶所在地…………神奈川県川崎市

## SE工法にて実現した 高耐震性の長期優良住宅

### 再開発地区とともに家族の未来を見据えて

住宅街と工業地区が緩やかに混在した、再開発が盛んな地区の一角の土地です。

全体としては敷地いっぱいのボリュームで、家族が普段長く過ごすＬＤＫを開放性のある、気持ちのよい場所にしながらも、プライバシーを確保しつつ明るく外部に開くこと、またシンプルな外観や素材がお好みで、その中で快適に生活するためにこだわりのある設備をとのご希望がありました。さらにご家族が増える予定もあったので、これからの家庭の変化にも対応でき、長く住める家を求めておられました。

### シンプルにまとめながらも実用性を求めて

天空率を使用して3階建ての最大ボリュームを計画しました。最上階にＬＤＫ、塔屋、ルーフバルコニーを配置することで、ＬＤＫを開放性がありつつも外からの目線を遮り、プライバシーを確保しました。ＳＥ工法を採用することで耐震性が高いまま最小限の門型フレームで構成し、壁がない大きい気積や大開口、将来ＥＶの計画などを含む、後からの間取りの変更を可能にしています。

またご希望された長期優良住宅や快適に住むための全館空調を採用しています。

窓や室内の扉の開口を丁寧に配置することで、言いかえればきれいな壁、天井をつくりだし、その中にいろいろな設備や建築的な要素をシンプルにまとめることで、暮らしの変化に対応できることを意図しています。

街に対して開く外観

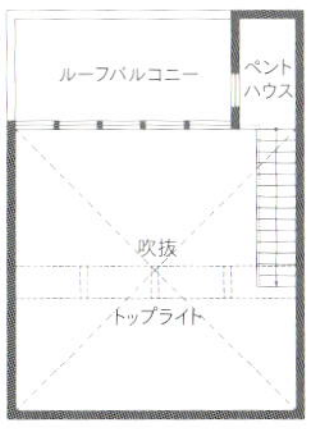

[PHF]

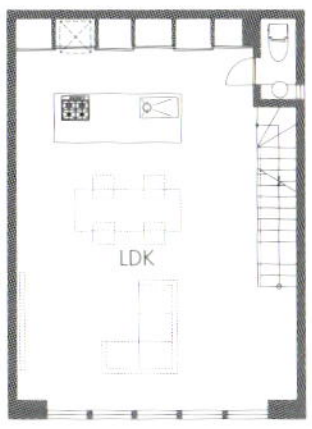

[3F]

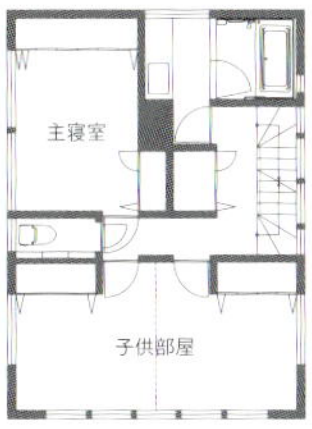

[2F]

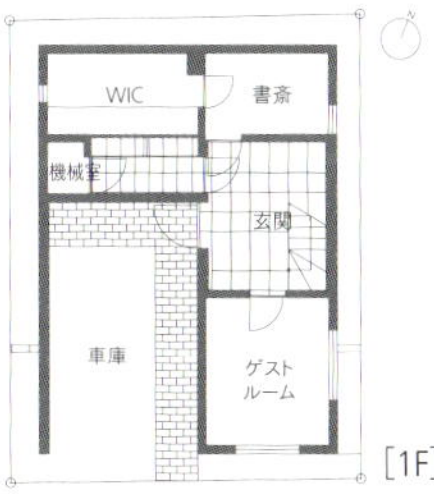

[1F]

都市での佇まい

リビング側から見たLDK

既成品と造作を組み合わせた水回り

上階からの光が差し込む玄関ホール

**設計データ**

- 敷地面積…70.00m²(21.18坪)
- 延床面積…152.77m²(46.21坪)

1階/47.93m²(14.50坪) 2階/49.63m²(15.01坪)
3階/49.63m²(15.01坪) PH階/5.58m²(1.69坪)

- 竣工年…2016年
- 用途地域…近隣商業地域
- 建ぺい率…70.90%(最大80%)
- 容積率…199.98%(最大200%)
- 構造…SE工法
- 設計…PANDA:株式会社 山本浩三建築設計事務所

〒151-0073 東京都渋谷区笹塚1-40-6 SINO SASAZUKA1F
TEL:03-6407-1500 FAX:03-6407-1509
URL:http://panda-ky.com E-mail:info@panda-ky.com

- 構造設計…株式会社 エヌ・シー・エヌ
- 施工…株式会社 リモルデザイン

## その他の設計作品

神宮前の家

千年新町の家

天沼の家

## 建築家からのメッセージ

**山本浩三** ヤマモト コウゾウ

**●PANDA:山本浩三建築設計事務所 代表**

1972年 京都府出身
1996年 京都精華大学美術学部
　　　　デザイン学科建築分野卒業
1996年 (株)アーキテクトン入所
2002年 山本浩三建築設計事務所設立
2010年 PANDA:(株)山本浩三建築設計事務所設立

### 家をつくりたい方へ

私たちは条件をデザインします。家を建てる時には敷地の条件や法律の条件があります。それらの条件の上に建て主の要望があります。建て主の要望の裏には近隣や周辺環境、コスト等の問題があります。

私たちはこれらの要望や問題も全て設計の条件としてとらえ、これらの条件をデザインとしてクリアすることを目的に家づくりのお手伝いをさせていただきます。私たちは条件以外の過剰なデザインや、余計な提案はしません。

### 家で一番好きな場所は?

階段や、その階段回りの空間が好きです。生活の中で風景が変化し、空間が一番感じられる場所だと思います。階段は縦移動の道具のようなものです。リビングやダイニング、玄関など、どこで使うのか、どこからどのように見えるか、あるいは見せるのかによってデザインが変わります。平屋以外の住宅は生活の中心に階段があり、その使いやすさも含めたデザインによって、生活の風景も変わっていくと思います。

正面外観。向かって左が庫裏（住宅）、右が本堂

# 来《ライ》迎《コウ》寺《ジ》庫《ク》裏《リ》

▸家族構成……夫婦＋子ども2人
▸所在地…………千葉県松戸市

## 伝統木造構法により生み出されたのは、数百年先を見据えた建築

### 地域に根付く景観は未来へと引き継がれる

３００年以上にわたって地域の景観を担ってきた寺院本堂と庫裏（ご住職の住宅のこと）を、老朽化と地震被害のため建て替えることとなりました。そこで求められたのは、以前と同様に３００年以上持続しうる超長寿命建築であること、景観の雰囲気を継承しながら「平成時代の寺院」として現代的な感性を反映すること、そして耐震性、断熱性、健康性など高度な性能を備えることでした。本堂と庫裏は互いに独立しつつも、庫裏からは常に本堂や墓地の様子がわかるようにしたいというご要望もありました。また中心市街地に程近い商業地域であるため、各部に防火性能も必要とされました。

### 環境や健康面にも配慮した長寿命建築とは

数百年という持続可能性を実現するため、さまざまな構造・構法を検討し、結局、無垢の木材を組み上げて造る伝統木造構法を採用しました。法隆寺のように、伝統木造には交換・修繕によって１０００年以上も継承されてきた実績があります。主構造以外も保守性や健康性を考慮して自然素材を中心とし、国産ヒノキ材、本漆喰、伝統塗料の久米蔵、銅板葺き屋根など、古来の材料を採用しています。一方で伝統木造の寸法ルールである「木割り」については、現代の生活スタイルに合わせてすべて見直し、再構築しました。結果として明るく軽やかな現代的空間が伝統的な木組みと融合した独自のデザインとなっています。開口部や設備機器などにも最新の技術を取り入れています。

上／寺院共用玄関。襖絵は版画家・井出創太郎氏の作品
中／居間・食堂。引き込み襖で仕切ることも可能
下／客間。床の間は銅版画の原版で仕上げられた

上／玄関アプローチ夜景
下／上空より。左から、墓地、庫裏、本堂

**設計データ**
- 敷地面積…499.95 $m^2$(151.24坪)
※庭園や墓地部分は除く
- 延床面積…[住宅部分] 147.72 $m^2$(44.69坪)
1階／75.49 $m^2$(22.84坪)
2階／72.23 $m^2$(21.85坪)
[本堂、庫裏(住宅)合計] 392.70 $m^2$(118.80坪)
1階／320.47 $m^2$(96.95坪)
2階／72.23 $m^2$(21.85坪)
- 竣工年…2013年
- 用途地域…商業地域
- 建ぺい率…68.58%(最大80%)
- 容積率…78.55%(最大400%)
- 構造…伝統木造構法
- 設計…山本想太郎設計アトリエ
〒185-0022 東京都国分寺市東元町2-13-13
TEL:042-325-4721 FAX:042-325-4721
URL:http://atyam.net E-mail:sotaro@atyam.net
- 構造設計…株式会社 増田建築構造事務所
- 設備設計…株式会社 テーテンス事務所
- 施工…株式会社 佐藤秀

## その他の設計作品

**来迎寺本堂**
木組みが空間を演出

**犀の目文庫 Rhino**
(2018、山梨県)

**オーストラリアハウス**
(2012、新潟県)

## 建築家からのメッセージ

**山本 想太郎** ヤマモト ソウタロウ
**●山本想太郎設計アトリエ代表**
1966年東京生まれ。1991年に早稲田大学大学院修了後、1991−2003年に坂倉建築研究所勤務。2004年より一級建築士事務所 山本想太郎設計アトリエ主宰。現在、東洋大学・工学院大学・芝浦工業大学非常勤講師。日本建築家協会デザイン部会長。日本建築学会、東京都建築士事務所協会所属。オーストラリア建築家協会賞、AACA賞など受賞。

### 家をつくりたい方へ

住宅は本来「普通」であるはずはありません。「住みやすい」「安全安心」「格好いいデザイン」などといっても、その意味や重要性は人や場所によってまるで違うものでしょう。この例のように、ただ住むだけではない機能をもった兼用住宅も増えています。建築家の仕事は、その特殊な要望・状況をしっかりと受け止め、ひとつの形に練り上げることだと考えています。「特別」な家をつくるお手伝いをいたします。

### 今、興味のあることは何ですか?

人間の「健康」が脅かされる世界になってきていることを感じます。化学物質による健康被害の脅威は、地球温暖化に匹敵する世界的な社会問題になる直前まで来ているでしょう。またデジタル形式に変換できない情報を情報とみなさない情報化社会は、人と自然や美との関わりの豊かさを失わせ、心の健康を蝕んでいるように思えます。人や社会に大きな影響を与える建築が「健康」に何ができるのか、考えています。

## 住宅地の中で感じられる癒しの提案

この建築はセカンドハウス的な要素と、仕事関係者や知人を招くためのゲストハウス的な要素を兼ね備えています。敷地は中心市街地より近くに位置する利便性に優れた閑静な住宅地で、学校や図書館、公園など存在する文教地区でもあり、とても落ち着いた地域です。日頃から多忙である建て主が日々の疲れを癒し、ゲストを招くための住宅を建築することになり、住宅地でありながらも「光と風が抜け、自然の中にいるような家」をテーマに設計することになりました。

## 全方位から眺める中庭は光と風の抜け穴

建物は庭園を囲み、平屋を「南棟・西棟・北棟」の3つのボリュームで構成しています。

**南棟**●主にパブリックなリビングと応接のゾーン。2つの庭園に囲まれ自然の中にいるような空間を目指しました。

**西棟**●南棟リビングから西棟ダイニングキッチンへの空間は分割しつつ、ゆるやかにつながっていくように計画しています。ダイニングキッチンからも2つの庭園を見渡せますが、リビングとはまた違った眺めを味わうことができます。

**北棟**●サニタリーや個室のプライベートゾーン。各棟とも「中央部の中庭」に面しており、全ての居室において光と風が抜ける一方で、外からの視線は遮断しておりプライバシーに配慮しています。また、庭園の自然や敷地外の借景を効果的に取り込むことで、別荘のように自然あふれる癒しの住まいを目指し設計しました。

# 利便性の高い閑静な住宅地にあらわれたのは
# 極上の自然的空間

## AH2

▸所在地……………静岡県

case 27

中央中庭より。各棟（南棟、西棟、北棟）より庭園を眺めることができる
（以下すべて、撮影：大木宏之）

**設計データ**

- 敷地面積…1645 $m^2$（497.61坪）
- 延床面積…430 $m^2$（130.07坪）
1階（平屋）／430 $m^2$（130.07坪）
- 竣工年…2015年
- 用途地域…第一種中高層住居専用地域
- 建ぺい率…32.34%（最大60%）
- 容積率…26.15%（最大200%）
- 構造…RC造壁式工法
- 設計…依田英和建築設計舎一級建築士事務所
〒151-0051 東京都渋谷区1-11-6 第二シャトウ千宗203
TEL：03-3401-5773 FAX：03-5647-6650
URL：http://www.yoda-a.com
E-mail：hy@yoda-a.com
- 構造設計…真喜屋構造設計室
- 施工…有限会社 ワタナベ住建

右上／西棟ダイニングキッチン
左右庭園に囲まれた気持ちの良い空間
右中／南棟リビング
右下／南棟応接。スタイリッシュな雰囲気のモダン和室
左／北棟洗面室。石や木材など自然素材を
多用した上質な水回り

右／北東部からの鳥瞰。景観に考慮し平屋で配棟
左上／南棟ファサード（夜景）
左下／中庭よりリビング、ダイニングを眺める

## その他の設計作品

**◎N邸**／香川県高松市（撮影：依田英和）
築47年の事務所ビルから住宅へのコンバートプロジェクト

**◎小竹向原眼科クリニック**／
東京都練馬区（撮影：大木宏之）
眼科クリニックプロジェクト

**◎副都心病院**／東京都豊島区
病院プロジェクト（撮影：大木宏之）

## 建築家からのメッセージ

**依田英和** ヨダ ヒデカズ
**●依田英和建築設計舎 代表**
1971年 香川県生まれ
1994―2004年 設計事務所所属
2004年 フリーランスで設計活動
2005年 依田英和建築設計舎設立

### 家をつくりたい方へ

建て主とはコミュニケーションを多く取り、関係を築きます。思いを最大限引き出し、些細なことでも気軽に相談しやすい環境をつくり、家族の成長とともに変化できる住まいの提案も積極的に行いたいと思います。

それぞれの建て主にあった機能・デザインそしてコストを考え、美しく豊かな住空間をつくりたいと考えます。

また、周辺環境との調和、エネルギー負荷の軽減についても追求したいと考えます。

### 建築の創作で大切にするもの

建物は規模や用途に関係なく「建て主」「建築家」「施工に携わる全ての人」が協力して一期一会の気持ちで取り組んだ結果、質の良い建築ができるのだと思っています。いつもそのような体制であるよう心がけています。

完成した時、建て主が感動し数年後にも良い家だと言ってもらえる仕事を目指し、またその建築に関わった者すべてが「私たちがつくった」と誇れる建築にしたいと考えます。

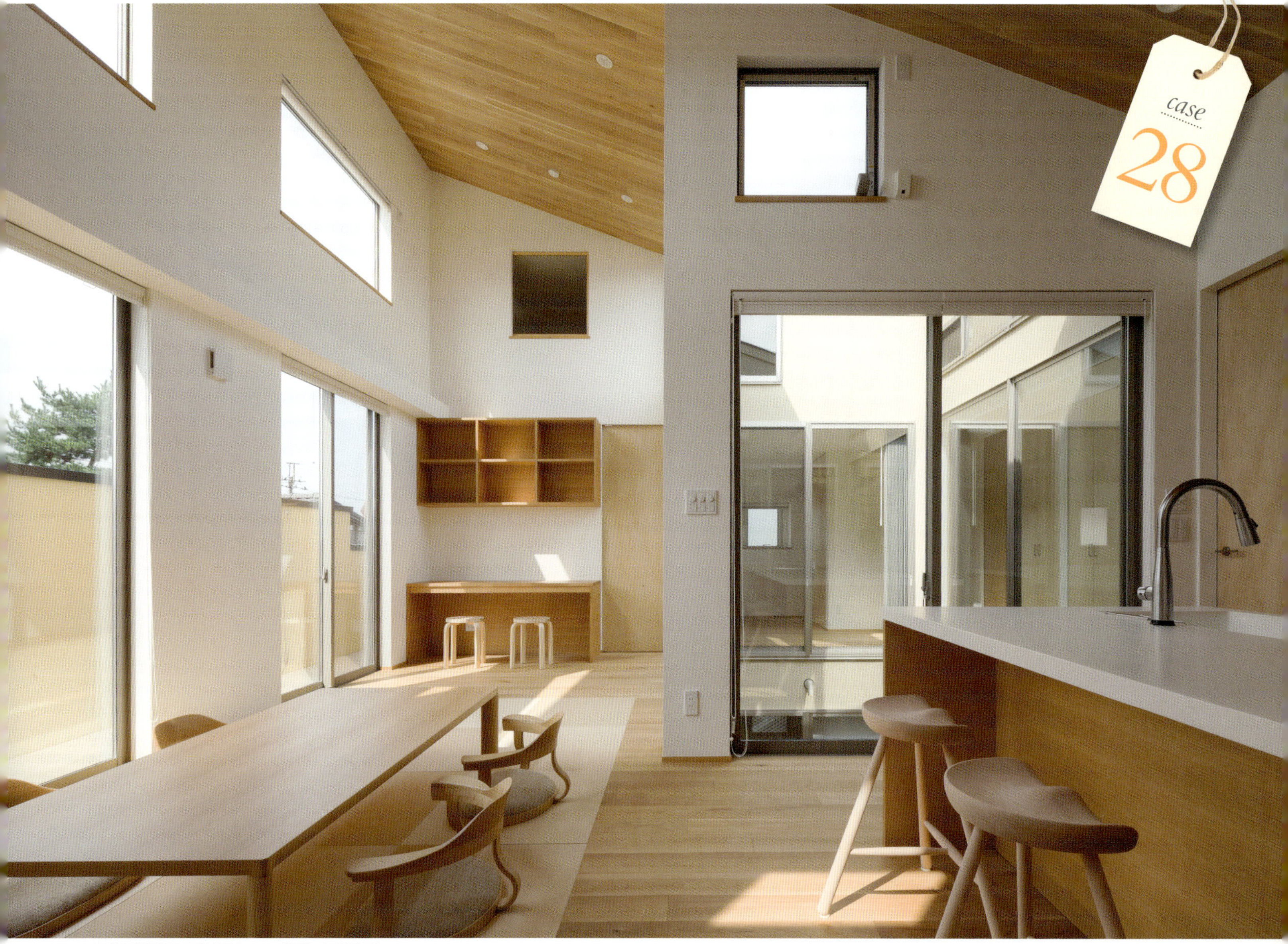


2F（子世帯）LDK（以下すべて、撮影：小島純司）

# Tongari-15

▶家族構成……［親世帯］夫婦
［子世帯］夫婦＋子ども1人
▶所在地………東京都武蔵野市

## トンガリを用いて2世帯の暮らしを豊かにする

### 2棟別々の暮らしを1棟へ

もともとは隣り合う2つの土地に建つ一戸建てに親世帯・子世帯が別々に住んでいましたが、建物の老朽化や生活の変化に伴い、2棟の土地を併せて1棟の2世帯住宅へ建て替えることになりました。

明るく風通しの良い・ゆったりとくつろげる空間、階の異なる親世帯と子世帯の間でお互いの雰囲気を感じることのできる構成、通学路となっている前面道路からの視線を遮断、これらが建て主の要望でした。

また、今回の土地は建ぺい率が40％と厳しく、建物を建てることができない残りの60％をどう利用するか、地域特有の厳しい高さ制限をどう扱うか、この2つが大きな課題でした。

### 制限のある中で見出した「トンガリ＋ナカニワ」

高さを制限する法律に沿ってできるだけ大きな建物を考えると、南に向かって尖った形状となります。そして、建物の余白部分を庭とするのではなく、一つの部屋をレイアウトするように、庭を建物の真ん中へ配置しました。

**トンガリ**●2階の空間に広がりを与え、南側からの光を室内へ取り込みます。

**ナカニワ**●内部のような外部のような曖昧な空間が、家の中心部に明るさをもたらし、家の中をぐるぐると回ることのできる動線をつくり出し、空間が広くなったような錯覚を起こさせます。また、窓に囲まれた吹き抜けとなっているため、1階の親世帯と2階の子世帯を緩やかにつなぐ役割も担っています。

上／1F（親世帯）LDK・和室
下／1F（親世帯）寝室

上／2F（子世帯）キッチン
下／東側外観

**設計データ**

- 敷地面積…209.57m²（63.39坪）
- 延床面積…166.44m²（50.34坪）
  1階／83.22m²（25.17坪）
  2階／83.22m²（25.17坪）
- 竣工年…2017年
- 用途地域…第一種低層住居専用地域
- 建ぺい率…39.71%（最大40%）
- 容積率…79.42%（最大80%）
- 構造…木造在来工法
- 設計… W.D.A
  〒166-0003　東京都杉並区
  高円寺南5-14-12 1F
  TEL：03-3317-8184
  FAX：020-4623-5219
  URL：http://wdajp.com
  E-mail：info@wdajp.com
- 施工…株式会社 内田産業

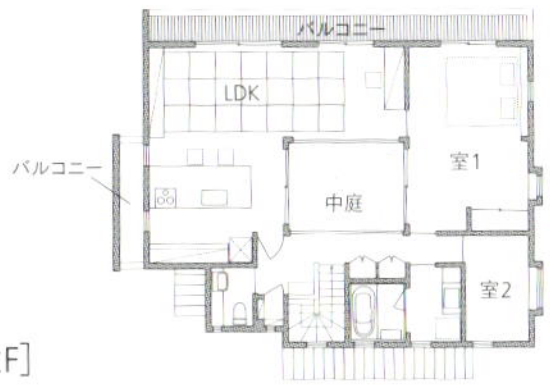


[2F]

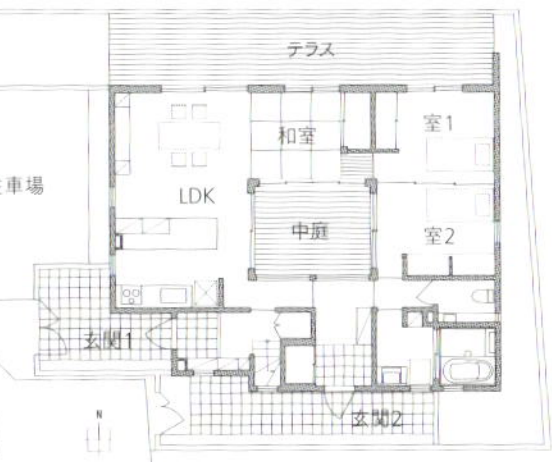


[1F]

## その他の設計作品

Tongari-12

シャコニワ

Re scale-05

## 建築家からのメッセージ

**和田学治** ワダ タカハル
● W.D.A代表
1973年　神奈川県生まれ
1997年　広島大学工学部第四類卒業
1997年　レーモンド設計事務所
2002年　北川原温建築都市研究所
2006年　W.D.A設立

**井川直美** イカワ ナオミ
宮城県生まれ。日本大学理工学部建築学科卒業。
レーモンド設計事務所を経て、2009年－ W.D.Aパートナー


**家をつくりたい方へ**

自分では当たり前と思っている日々の生活も、人それぞれ異なります。他人と見比べることはありませんから、ご自身では気づかない部分が多くあると思います。朝起きてから寝るまでの一日の行動を建築家へ伝えてみてください。新たな発見があるかもしれません。そして、普段の何気ない生活の中にあるモノ・コトに対する見方・考え方をちょっとだけ変えてみると、自分たちだけの素敵な家が出来上がると思います。

**今、興味のあることは何ですか？**

職人の技です。実家を解体した際に引き上げてきた数本の床柱と欄間を新しい家のどこかに使いたい、Tongari-15の設計中に親御さんからそんなお話がありました。はたして上手く出来るのか？ 関係者一同はとても心配でしたが、見事に取り付けていただきました。昔の職人が精巧につくり上げた想い出の品々を現代の職人が加工し直して再び設置する、いつの時代も職人の技には頭が下がります。

## 建築家index

case 1

**相坂研介**

相坂研介設計アトリエ

- 住所：〒102-0083
  東京都千代田区麹町1-3-11-2F
- TEL：03-6380-9140
- FAX：03-6380-9141
- URL：http://www.aisaka.info
- E-mail：mail@aisaka.info

case 2

**石井衣美**

kma一級建築士事務所

- 住所：〒190-0165
  東京都あきる野市小中野359
- TEL：080-3023-6261
- URL：http://www.k-m-a.net
- E-mail：emi.i.kma@gmail.com

case 3

**石川 淳**

石川淳建築設計事務所

- 住所：〒165-0023
  東京都中野区江原町2-31-13
  第一喜光マンション106
- TEL：03-3950-0351
- FAX：03-6382-6686
- URL：http://www.jun-ar.info
- E-mail：j-office@marble.ocn.ne.jp

case 4

**岩崎整人**

岩崎整人建築設計事務所

- 住所：〒153-0065
  東京都目黒区中町2-31-14-101
- TEL：03-6809-1884
- FAX：03-6809-1884
- URL：http://yiaa.net
- E-mail：mail@yiaa.net

case 5

**大塚泰子**

ノアノア空間工房

- 住所：〒106-0032
  東京都港区六本木7-17-22
  秀和六本木レジデンス701
- TEL：03-6434-7401
- FAX：03-6434-7402
- URL：http://www.noanoa.cc
- E-mail：tokyo@noanoa.cc

case 6

**荻原雅史**

荻原雅史建築設計事務所

- 住所：〒164-0012
  東京都中野区本町6-44-3-101
- TEL：03-6454-1427
- FAX：03-6454-1429
- URL：
  http://www.masashiogihara.com
- E-mail：info@masashiogihara.com

case 7

**小谷研一**

小谷研一建築設計事務所

- 住所：〒168-0064
  東京都杉並区永福3-50-2-203
- TEL：03-6379-2196
- FAX：03-6379-2198
- URL：www.k-otani.com
- E-mail：info@k-otani.com

case 8

**小野寺 義博**

オノデラヨシヒロ建築設計室

- 住所：〒162-0806
  東京都新宿区榎町71
- TEL：03-5261-5519
- FAX：03-6671-0808
- URL：https://onodera-archi.com
- E-mail：info@onodera-archi.com

case 9

**加藤雅明**

m-SITE-r／一級建築士事務所
+DESIGN

- 住所：〒152-0011
  東京都目黒区原町1-17-5
- TEL：03-3793-2760
- FAX：03-6303-0161
- URL：http://www.m-site-r.net
- E-mail：info@m-site-r.net

case 10

**久保和樹**

H2DO一級建築士事務所

- 住所：〒166-0012
  東京都杉並区和田1-10-12 803号室
- TEL：03-3383-1380
- FAX：03-3383-1380
- URL：http://www.h2do.net
- E-mail：info@h2do.net

case 11

**佐野 修**

佐野修建築設計事務所

- 住所：〒112-0005
  東京都文京区水道2-13-2
  前田ビル501
- TEL：03-3941-7051
- FAX：03-3941-7061
- URL：http://www.sanoosamu.com
- E-mail：info@sanoosamu.com

case 12

**猿田仁視**

キューボデザイン
建築計画設計事務所

- 住所：〒150-0012
  東京都渋谷区広尾5-19-14
  卯月ビル4F
- TEL：03-6456-4263
- FAX：03-6456-4264
- URL：http://www.cubod.com
- E-mail：cubo@cubod.com

case 13

**嶌 陽一郎**
DIG DESIGN

- 住所：〒157-0066
  東京都世田谷区成城1-1-5
  成城TNビル4F
- TEL：03-5727-8747
- FAX：03-5727-8616
- URL：http://www.digdesign.jp
- E-mail：office@digdesign.jp

case 14

**下川太郎**
あまね設計

- 住所：〒101-0061
  東京都千代田区神田三崎町2-2-2
  加藤ビル6F
- TEL：03-3239-5659
- FAX：050-3488-3712
- URL：www.amane-llc.jp
- E-mail：info@amane-llc.jp

case 15

**鈴木淳史**
鈴木淳史建築設計事務所

- 住所：〒162-0838
  東京都新宿区細工町1-16
  村田ビル3F
- TEL：03-6280-8500
- FAX：03-3260-0314
- URL：http://suzuki-arch.com
- E-mail：atsufumi@suzuki-arch.com

case 16

**田中俊行**
田中俊行建築空間設計事務所

- 住所：〒106-0031
  東京都港区西麻布3-22-9
- TEL：03-6438-9977
- FAX：03-6438-9978
- URL：http://www.ttaa.co.jp
- E-mail：ttaa-info@ttaa.co.jp

case 17

**長崎辰哉＋長崎由美**
アトリエハレトケ一級建築士事務所

- 住所：〒145-0062
  東京都大田区北千束3-13-14
- TEL：03-6316-7227
- FAX：03-6317-6480
- URL：http://haretoke.co.jp
- E-mail：info@haretoke.co.jp

case 18

**中山秀樹**
中山秀樹建築デザイン事務所

- 住所：〒177-0035
  東京都練馬区南田中4-12-15
- TEL：03-6431-8100
- FAX：03-6431-8161
- URL：https://nhaads.com
- E-mail：nhaads@vega.ocn.ne.jp

case 19

**七島幸之＋佐野友美**
アトリエハコ建築設計事務所

- 住所：〒135-0047
  東京都江東区富岡1-1-18 富岡ビル
- TEL：03-5942-6037
- FAX：03-5942-6038
- URL：http://www.hako-arch.com
- E-mail：info@hako-arch.com

case 20

**望月 新**
望月建築アトリエ

- 住所：〒151-0053
  東京都渋谷区代々木2-23-1
  ニューステイトメナー 1248号室
- TEL：03-3372-8998
- FAX：03-3372-8067
- URL：http://mochizuki-a.com
- E-mail：info@mochizuki-a.com

case 21

**森 理恵**
モリリエ ケンチク&デザイン

- 住所：〒153-0062
  東京都目黒区三田2-9-9-302
- TEL：03-6452-4461
- FAX：03-6452-4471
- URL：www.moririe.com
- E-mail：info@moririe.com

case 22

**森本伸輝**
モリモトアトリエ

- 住所：〒165-0026
  東京都中野区新井5-5-10-802
- TEL：03-6802-5041
- FAX：03-6802-5042
- URL：http://momoat.com
- E-mail：momoat@nifty.com

case 23

**安河内健司＋西岡久実**
一級建築士事務所 group-scoop

- 住所：〒106-0047
  東京都港区南麻布3-4-8-B1F
- TEL：03-3445-1500
- FAX：03-3445-1528
- URL：http://www.group-scoop.com
- E-mail：info@group-scoop.com

case 24

**山崎裕史**
ヤマサキアトリエ
一級建築士事務所

- 住所：〒130-0025
  東京都墨田区千歳2-6-9
  イマケンビル301
- TEL：090-1208-4231
- URL：http://atelier-yamasaki.com
- E-mail：info@atelier-yamasaki.com

case 25

**山本浩三**
PANDA：
山本浩三建築設計事務所

- 住所：〒151-0073
  東京都渋谷区笹塚1-40-6
  SINO SASAZUKA1F
- TEL：03-6407-1500
- FAX：03-6407-1509
- URL：http://panda-ky.com
- E-mail：info@panda-ky.com

case 26

**山本 想太郎**
山本想太郎設計アトリエ

- 住所：〒185-0022
  東京都国分寺市東元町2-13-13
- TEL：042-325-4721
- FAX：042-325-4721
- URL：http://atyam.net
- E-mail：sotaro@atyam.net

case 27

**依田英和**
依田英和建築設計舎
一級建築士事務所

- 住所：〒151-0051
  東京都渋谷区1-11-6
  第二シャトウ千宗203
- TEL：03-3401-5773
- FAX：03-5647-6650
- URL：http://www.yoda-a.com
- E-mail：hy@yoda-a.com

case 28

**和田学治＋井川直美**
W.D.A

- 住所：〒166-0003
  東京都杉並区高円寺南5-14-12 1F
- TEL：03-3317-8184
- FAX：020-4623-5219
- URL：http://wdajp.com
- E-mail：info@wdajp.com

東京の若手建築家とつくる家 2
**安らぎをともにつくるパートナー選び**
2019年1月30日初版発行

**編集**……………………建築ジャーナル

**発行所**………………企業組合 建築ジャーナル
〒101-0032 東京都千代田区岩本町3-2-1
共同ビル（新岩本町）4F
TEL：03-3861-8101
FAX：03-3861-8205
URL：http://www.kj-web.or.jp

**ブックデザイン**……村上 和

**イラスト**………………古谷 萌（カバー，P. 6–10，P. 13）
赤川ちか子（P. 4–5）

**印刷・製本**…………株式会社 明祥

定価はカバーに表示されています。
ISBN978-4-86035-112-0